寄与分・特別寄与料・使途不明金・介護負担の不履行等

共著

武内　優宏（弁護士）
合田　悠紀（弁護士）



新日本法規

# はしがき

「私は介護していた。だから相続で優遇されますよね？」

「兄は親の介護名目で親の遺産を使い込んでいる。遺産分割になったら返還を求めたい。」

弁護士をしていればこのような相談は日常茶飯事ですよね。

ただ、相続人の介護の苦労が遺産分割に反映されるには特別の寄与という高いハードルを越えなければなりません。ご相談いただいても特別の寄与とまではいえないというケースも多く、その場合、残念ながら優遇されませんという回答をせざるを得ません。また、生前の使い込みについても、証拠がなく如何ともしがたいということも多いです。

このように相続の場面で介護にまつわる相談はとても多いのですが、実際に依頼者の意向に適った解決方法をご提案できることは少ないのが実情なのではないかと思います。

本書の出版をご提案いただいた際、ケースを設定してもどうしようもできないという回答をせざるを得ないこともあり、どこまで有用な内容にできるか悩ましいということをお伝えしました。すると、どうしようもできないという回答をせざるを得ない場合に、私が具体的にどのような回答をしているかを書けばそれは読者にとって参考になるのではないかというご提案をいただきました。そのため、本書では、相談の場で私が実際にどういう回答をしているかという点も意識して書くようにしました。

相続紛争の多くは親族間の心情的な対立だと思います。弁護士に相談することで、法律的には解決ができなくても、弁護士としての遺産分割に関する考え方をお伝えすることで納得をして気持ちが楽になってもらえることもあります。本書が、法律知識面でも、法律知識以外の部分でも、お手に取ってくださった方のお役に立てたら幸いです。

最後になりますが、本書の企画をご提案いただき、また法律知識以外の部分も積極的に書くよう後押ししてくださった新日本法規出版株式会社の中林裕生氏にこの場を借りてお礼を申し上げます。

令和７年２月

弁護士　**武内　優宏**

# 著　者　略　歴


## 武内　優宏

<主な経歴>

2002年３月　早稲田大学政治経済学部政治学科 卒業

2007年９月　弁護士登録（東京弁護士会）

2011年１月　法律事務所アルシエン開設（共同代表弁護士）

## 合田　悠紀

<主な経歴>

2012年３月　東京大学法学部 卒業

2014年３月　東京大学大学院法学政治学研究科法曹養成専攻 卒業

2015年12月　弁護士登録（東京弁護士会）

2019年５月　法律事務所アルシエン入所

# 略　語　表

## ＜法令等の表記＞

根拠となる法令等の略記例及び略語は次のとおりです。

民法第1046条第２項第１号＝民1046②一
平成12年３月13日法務省民一第634号＝平12・３・13民一634

|  |  |
|---|---|
| 遺言保管 | 法務局における遺言書の保管等に関する法律 |
| 家事 | 家事事件手続法 |
| 刑 | 刑法 |
| 公証 | 公証人法 |
| 信託 | 信託法 |
| 信託業 | 信託業法 |
| 相税 | 相続税法 |
| 任意後見 | 任意後見契約に関する法律 |
| 不登 | 不動産登記法 |
| 民 | 民法 |
| 民執 | 民事執行法 |
| 民保 | 民事保全法 |
| 相基通 | 相続税法基本通達 |

## ＜判例の表記＞

根拠となる判例の略記例及び出典の略称は次のとおりです。

最高裁判所令和５年10月26日判決、最高裁判所民事判例集77巻７号1911頁＝最判令５・10・26民集77・７・1911

|  |  |
|---|---|
| 判時 | 判例時報 |
| 判タ | 判例タイムズ |
| 家月 | 家庭裁判月報 |
| 金判 | 金融・商事判例 |
| 裁判集民 | 最高裁判所裁判集民事 |
| 民集 | 最高裁判所民事判例集 |
| 家判 | 家庭の法と裁判 |

# 目　次

## 第1章　介護をしていた側からの相談

### 第1　介護と寄与分

ページ
〔1〕 介護に対する遺産分割での優遇（寄与分総論）……………………3
〔2〕 被相続人所有不動産で同居していた場合の寄与分…………7
〔3〕 被相続人所有不動産で同居していた場合の特別受益…………12
〔4〕 介護費用を負担した場合の寄与分………………………………16
〔5〕 相続人の配偶者による介護があった場合の寄与分…………20
〔6〕 被相続人所有不動産のリフォーム費用を負担した場合の寄与分………………………………………………………………23
〔7〕 相続人所有不動産のリフォーム費用を負担した場合の寄与分①（基礎）…………………………………………………26
〔8〕 相続人所有不動産のリフォーム費用を負担した場合の寄与分②（発展）…………………………………………………29
〔9〕 代襲相続人の寄与分…………………………………………………32
〔10〕 被代襲者の寄与行為と代襲相続人の寄与分…………………35
〔11〕 介護の寄与分に対しての遺留分侵害額請求…………………38
〔12〕 寄与分に言及した遺言の効力①（寄与分を与えない旨の遺言）…………………………………………………………42
〔13〕 寄与分に言及した遺言の効力②（寄与分を与える旨の遺言）……………………………………………………………45
〔14〕 寄与分が認められない場合の対応………………………………48
〔15〕 遺産分割協議をしないまま時間が経過した場合の寄与分主張の期間制限……………………………………………………52

## 第2 介護と特別寄与料

〔16〕 相続人以外の被相続人の親族による介護に対する遺産分割での優遇（特別寄与料総論）……55
〔17〕 相続放棄等をした場合の特別寄与料……60
〔18〕 被相続人と同居していない親族等による特別寄与料の請求……65

## 第3 相続人不存在と介護

〔19〕 相続人ではない親族の介護に対する遺産分割での優遇（特別縁故者総論）……69
〔20〕 対価をもらって介護をしていた場合の特別縁故者該当性……74
〔21〕 介護施設の特別縁故者該当性……77
〔22〕 相続人不存在時の介護費用……79

## 第4 介護と成年後見

〔23〕 介護をしている親族による成年後見申立て……81
〔24〕 成年後見人としての遺産分割への対応……87
〔25〕 遺産分割における特別代理人の選任……90

## 第5 介護と遺言

〔26〕 介護の労に報いてもらうための方法……93
コラム 介護の労に報いてもらいたいという相談に対する回答……95
〔27〕 認知症の老親による遺言の効力……96

### 第6　介護をしていない親族への対応

〔28〕 使い込みを疑われている場合の対応……99
〔29〕 何もせず意見だけを言ってくる親族への対応……101
コラム 口の出しすぎは囲い込みのきっかけになることも……103

### 第7　その他

〔30〕 預金が凍結された場合の対応……104
〔31〕 介護を要する老親の遺産分割を見据え少しでもできること①（相続税対策）……108
コラム 成年後見制度の使いづらさと改正予定……110
〔32〕 介護を要する老親の遺産分割を見据え少しでもできること②（家族信託）……112

## 第2章　介護をしていなかった側からの相談

### 第1　使途不明金への対応

〔33〕 存命中に使途不明金の疑いを持った場合の対応……117
コラム 兄にそんなこと言えない……119
〔34〕 生前の使途不明金の遺産分割での扱い……121
〔35〕 生前の使途不明金の不当利得返還請求……124
コラム 使途不明金について請求された場合……126
〔36〕 介護親族による被相続人死亡後の預金引き出し……127
コラム 葬儀費用に充てたという弁明について……129

〔37〕 被相続人の意思による第三者への贈与……………………131
コラム 悪質な介護施設や身元保証会社にも気を付ける必要がある………………………………………………………132

## 第２　介護費用と相続放棄

〔38〕 相続放棄した場合の介護費用…………………………………134
〔39〕 介護費用の支払をした場合の相続放棄（単純承認の可否）…………………………………………………………………138
コラム 相続放棄の事実上の効果…………………………………140

## 第３　介護と成年後見

〔40〕 非同居親族による成年後見申立て………………………………141
〔41〕 介護や後見業務を怠る成年後見人の変更……………………146
〔42〕 任意後見契約締結後の法定後見申立て…………………………150

## 第４　介護と遺言

〔43〕 介護者に有利な遺言を書かせていることが疑われる場合の対応①（存命）………………………………………………154
〔44〕 介護者に有利な遺言を書かせていることが疑われる場合の対応②（死後）………………………………………………157
コラム 全相続人の同意を得ない貸金庫の開扉……………………161
〔45〕 遺言能力が疑われる場合の対応…………………………………162
〔46〕 公序良俗に反するような遺言が残されていた場合の対応……………………………………………………………………165

## 第5　介護の約束をめぐる問題

〔47〕 介護の約束を守ってもらうための方法……………………167
〔48〕 介護の負担付遺贈の不履行……………………………………170
〔49〕 介護を定めた遺産分割の不履行………………………………174
〔50〕 介護の履行請求………………………………………………178
〔51〕 引取扶養の請求………………………………………………181
〔52〕 介護対象者が早期死亡した場合の対応………………………184
〔53〕 介護の約束を守らない介護者が死亡し二次相続が発生した場合における介護の約束の履行請求……………………188

## 第6　介護をしている親族への対応

〔54〕 介護の労が不透明な介護者の寄与分…………………………191
〔55〕 老親宅に不審な訪問を繰り返す兄弟への対応………………195
〔56〕 親の囲い込みへの対応………………………………………198
〔57〕 認知症の老親に他の兄弟の悪口を吹き込む兄弟への対応……………………………………………………………202
〔58〕 過剰なリフォームへの対応……………………………………206
〔59〕 介護名目での老親の資産の浪費への対応……………………210

# 第3章　介護をされている側からの相談

〔60〕 特定の相続人のみに財産を相続させたい場合の遺言…………215
コラム　弁護士以外による遺言作成…………………………………218
〔61〕 介護をしてくれる相続人に対する生前贈与…………………219
〔62〕 介護をしない相続人への生前贈与の取消し…………………221

〔63〕 介護をしない相続人への遺留分対策……224
〔64〕 遺留分の事前放棄……227
〔65〕 介護放棄した相続人の廃除……229

# 索 引

○事項索引……233

# 第 1 章

## 介護をしていた側からの相談

# 第１　介護と寄与分

## 〔１〕　介護に対する遺産分割での優遇（寄与分総論）

**Case**　先日、父親が亡くなりました。遺言を書いてくれると言っていたのですが、遺言はなく、兄弟と遺産分割協議をしています。私は父親を自宅に引き取り介護をしていましたが、他の兄弟は介護の負担をしていません。父の介護をしていた私は、遺産分割で優遇されないのでしょうか。

◆　ポイント　◆

・相続人が被相続人の介護をしていたことが「特別の寄与」と認められる場合、寄与分が認められ、他の相続人よりも相続分が多くなる可能性があります。

### 解　説

#### １　寄与分について

寄与分とは、相続財産の維持・増加について特別の寄与があった相続人につき、寄与度に応じて相続分の増額をする制度です（民904の２①）。

民法では、寄与分が認められる例として「被相続人の事業に関する労務の提供又は財産上の給付、被相続人の療養看護その他の方法」が挙げられています。被相続人の療養看護が例示されており、被相続人の介護はこれに当たり、寄与分の対象となり得ます。

## 2　特別の寄与であること

ただ、介護をしていたからといって、必ず寄与分が認められるかというとそうではありません。寄与分が認められるには、それが特別の寄与＝通常期待される程度を超える貢献といえる必要があります。

夫婦には夫婦間の協力扶助義務があり（民752）、直系血族や兄弟姉妹間には、親族間の扶養義務、互助義務があります（民877①）。これにより、配偶者や親が要介護状態になった場合、一定程度の介護をするということは当然期待されることとなります。その期待を超える程度の介護をして初めて特別の寄与と認められます。

例えば、料理を作ってあげていたとか風呂を沸かした、掃除をしたなどの一般的な家事では特別の寄与とは認められません。

## 3　共同相続人の行為であること

特別の寄与を行う主体は「共同相続人」（民904の2①）である必要があります。ただ、この要件については、〔5〕で解説するとおり、共同相続人の配偶者や子などが特別の寄与に当たるような介護をした場合、共同相続人自身の貢献とみなしてもらえることがあります。

## 4　被相続人の遺産が維持又は増加したこと

次に、寄与分が認められるには、特別の寄与に当たる介護によって、「被相続人の財産の維持又は増加」したことが必要になります（民904の2①）。

財産の維持又は増加に関係がないこと、例えば精神的な援助や協力は寄与分の対象にはなりません。

介護が特別の寄与として認められる場合、介護を専門家に依頼した場合に比べてどの程度のコストが削減できていたかという視点で財産の維持が図られていたかを算出することが多いです。詳細は〔2〕で解説します。

## 5　寄与分の主張の仕方

寄与分が認められるか否か、寄与分が認められるとしていくらと評価するかについては、まずは相続人の協議により定めます。そして、協議が調わない場合や協議ができない場合は、家庭裁判所が寄与分を定めることになります（民904の２②）。

寄与分を定める処分の申立ては、遺産分割とは別の手続が必要となり、遺産分割審判とは別に寄与分を定める処分の審判申立てをする必要があります。

寄与分は遺産分割の前提問題としての性格を有していることから、寄与分を定める申立ては、遺産分割審判の申立てがある場合に限って申し立てることができるとされています（浦和家飯能出審昭62・12・４家月40・６・60）。

寄与分を定める処分の審判を申し立てると、遺産分割審判と併合審理されます（家事192前段）。

なお、寄与分を定める調停の申立ては、遺産分割調停又は審判の係属の有無にかかわらず相続開始から遺産分割終了までの間いつでも単独で申し立てることができます。通常は遺産分割調停と一緒に申立てがされ、遺産分割調停と一括して処理されます（家事245③・192準用）。

## 6　寄与分の主張の期限

### （１）　10年の期間制限

令和３年の民法改正により、寄与分は、相続開始の時から10年経過後の遺産分割には適用されないこととなりました（民904の３）。

ただし、例外として、①相続開始の時から10年を経過する前に、相続人が家庭裁判所に遺産の分割の請求をしたとき、②相続開始の時から始まる10年の期間の満了前６か月以内の間に、遺産の分割を請求することができないやむを得ない事由が相続人にあった場合において、その事由が消滅した時から６か月を経過する前に、当該相続人が家庭裁判所に遺産の分割の請求をしたときについては、寄与分が認められます（民904の３ただし書一・二）。

（２）　寄与分を定める処分審判申立ての期限

遺産分割審判手続において、家庭裁判所は、１か月を下らない範囲内で寄与分を定める処分の審判の申立てをすべき期間を定めることができます（家事193①）。この期限を経過して申立てがなされた場合、家庭裁判所は申立てを却下することができます（家事193②）。

また、上記の期間指定をしていない場合であっても、時機に後れて寄与分を定める処分の申立てをしたことにつき、申立人の責めに帰すべき事由があり、かつ、申立てに係る寄与分を定める処分の審判の手続を併合することにより、遺産の分割の審判の手続が著しく遅滞することとなるときは、申立てが却下されることがあります（家事193③、広島高岡山支決平12・11・29家月53・４・47）。

## 〔2〕 被相続人所有不動産で同居していた場合の寄与分

**Case**

私は父が認知症を患って以降、父の介護に専念するために仕事を辞め、父名義の自宅で父と同居し介護を行ってきました。私以外の兄弟は皆他県に居住しており、時折帰省する程度で介護への協力はしてもらえませんでした。先日父が亡くなったのですが、私が行っていた介護の負担は遺産分割の中で考慮されるのでしょうか。

◆ ポイント ◆

- 親族間の扶養義務の範囲を超える「特別の寄与」と認められるか否かが問題となります。
- 被相続人との同居により生活上の利益を得ている場合には、当該事情も寄与分の認定に当たって考慮されます。

### 解　説

#### 1　療養看護による寄与分

本ケースのような、認知症その他の疾病を患う被相続人に対する相続人による看護や介護は、その内容が親族間の扶養義務の範囲を超えた特別の寄与といえるものであり、かつそれによって被相続人の遺産が維持又は増加している場合には、寄与分として認められることがあります（民904の2①）。

## ２　特別の寄与に当たるか否かの考慮要素

### （１）　考慮要素総論

〔１〕で解説したとおり、寄与分が認められるか否かはまず相続人間の協議により定め、協議が調わない場合等には家庭裁判所が寄与分を定めることになります（民904の２②）。

家庭裁判所における判断において、被相続人に対する介護や看護が特別の寄与といえるかどうかの検討に当たっては、１で述べたような介護等の必要性の程度のほか、介護等が無償又はそれに近い状態でなされていたか否か（無償性）、介護等が行われた期間の長さ（継続性）、介護等の負担や従事の程度の重さ（専従性）等が考慮要素となります（大阪家審平19・２・26家月59・８・47、東京家八王子支審平５・７・15家月47・８・52等）。

### （２）　介護等の必要性

介護等の必要性及びその程度については、被相続人の患っている疾病の内容・程度や、被相続人が別途医療機関や訪問介護サービス等による介護・看護を受けていたか否かといった点が考慮されます。

介護保険における要介護度の認定結果は、被相続人の疾病の内容・程度を認定する上での重要な資料となり、被相続人が要介護２以上の状態にあることが、寄与分が認められるための一つの目安となります（前掲大阪家審平19・２・26、大阪高決平19・12・６家月60・９・89）。

### （３）　無償性

相続人が完全に無報酬で介護等を行っている場合のほか、介護等の負担と比較して少額の対価・利益しか受領していない場合にも、寄与分が認められることがあります（前掲大阪家審平19・２・26等）。

なお、本ケースのように被相続人名義の住宅に相続人が同居しており、家賃の負担を免れる等の生活上の利益を享受していた場合には、そのような利益も無償性の検討に当たって考慮されることになるため

（京都家宮津支審平18・10・24家月60・９・99、東京家審平12・３・８家月52・８・35等）、その分寄与分が認められるハードルは上がることになります。

（４）　継続性

相続人が介護等に従事していた期間が長いほど、寄与分が認定されやすくなる傾向にあります。

介護への従事を理由として寄与分が認められた過去の先例では、少なくとも１年間以上の期間にわたって介護に従事していたケースが大半です（前掲大阪家審平19・２・26（486日間の介護行為について特別の寄与に該当することを認定）等）。

（５）　専従性

介護等の作業量や肉体的・精神的負担、所要時間が考慮要素となります。

単に日常生活の援助や入通院の付添いをしたに過ぎないような場合や、他の相続人の協力や訪問介護サービス等の利用により介護の負担が重大とまではいえない場合には、同居親族の扶養義務の範囲内とみなされ寄与分が認められない傾向にあります（さいたま家久喜出審平27・11・27（平27（家）471）、大阪家堺支審平18・３・22家月58・10・84、大阪高決平15・３・11家月55・８・66等）。

## ３　被相続人の遺産の維持又は増加

寄与分とは、相続人による特別の寄与によって被相続人の遺産が維持又は増加された場合に、当該維持又は増加の程度（寄与度）を評価して当該相続人の相続分を増額する制度であるため（民904の２①）、遺産の維持又は増加という結果が発生していなければ寄与分が認められることはありません。

この点、介護等の療養看護による寄与分の認定に当たっては、２において述べた特別の寄与の有無に関する各考慮要素も踏まえ、職業介助人等を利用していれば支出されるはずであった費用を相続人による介護等によって免れたと評価できる場合に、遺産の維持又は増加が生じているものと認められます（横浜家川崎支審平29・5・31（平28（家）591）等）。

## 4　寄与分の算定

相続人の特別の寄与により遺産の維持又は増加という結果が発生したと認められる場合には、次に具体的な寄与分の算定が行われることになります。

介護等の療養看護による寄与分の場合、全ての事情を考慮し遺産総額のうちの○％あるいは○○万円、といった形で概算により寄与分が算定される例もありますが（前掲大阪高決平19・12・6等）、被相続人の要介護度に対応する介護報酬額や派遣看護師等の標準賃金額の１日当たりの金額を基準として、当該金額を一定程度減額した上で介護日数を乗じる方法により、寄与分が算定される傾向にあります（東京高決平29・9・22家判21・97、前掲大阪家審平19・2・26等）。

後者の算定方法による場合に、介護報酬額等からどの程度減額された金額が１日当たりの単価とされるかはケースバイケースですが、相続人が被相続人と同居し生活上の利益を享受していた場合には、（無償性は否定されないとしても）当該事情は１日当たりの単価を減額する方向の事情として考慮されることになります（前掲東京家審平12・3・8）。

## 5　本ケースの場合

本ケースの場合、相談者は被相続人と同居し一定の生活上の利益を享受していたと認められる一方、仕事を辞め他の相続人の協力が得られない中で被相続人の介護に専従しており、介護に従事していた期間や被相続人の認知症の重症度によっては寄与分が認められる可能性があります。

他の相続人との協議や家庭裁判所における調停・審判手続においては、被相続人の認知症の病状（特に要介護認定を受けていた場合にはその内容）や介護に従事していた期間、及び具体的な介護の内容や負担について、できる限り証拠に基づいて詳細に主張することが重要となります。

## 〔3〕 被相続人所有不動産で同居していた場合の特別受益

**Case**

私は大学卒業後しばらく一人暮らしをしていましたが、母を亡くして以降一人で暮らしている高齢の父の面倒を見るために、15年ほど前から父名義の自宅で父と同居するようになりました。同居していた間、父に対しては特に家賃や生活費は支払っていませんでしたが、私自身仕事をしており収入がありましたので、食費等自分の生活費については自分の収入から支出をしていました。

昨年父が亡くなり遺産分割をすることになったのですが、他県に住む兄弟から、私は長年家賃の負担なく父名義の自宅に住むことができていたのであるから、その分相続する遺産の金額は減額されるべきだと指摘されました。父と同居していたことにより遺産分割で不利に扱われなければならないのでしょうか。

◆ ポイント ◆

・相続人が被相続人から生前贈与や遺贈等を受けていた場合、特別受益として相続分から差し引かれる可能性があります。
・相続人が被相続人名義の住居に無償で同居していたとしても、それにより直ちに当該相続人に特別受益の存在が認められるわけではありません。

## 解　説

### １　特別受益について

#### （１）　特別受益とは

特別受益とは、相続人が被相続人から生前贈与や遺贈等を受けていた場合に、それにより受けた利益の分を当該相続人の相続分から差し引く制度です。相続発生前に被相続人から一部の相続人に対して遺産の前渡しが行われていた場合に、それにより発生する不公平を遺産分割において考慮・修正することを目的とするものです。

具体的には、特別受益に該当する生前贈与等があった場合、被相続人が亡くなった時点の実際の遺産総額に当該生前贈与等の金額を加えた金額を遺産総額とみなし（このような計算・操作を「持戻し」と呼びます。）、そのみなし遺産総額に各相続人の相続分の割合を乗じて一応の相続分を算定した上で、特別受益を受けた相続人については当該一応の相続分から特別受益の金額を差し引くことにより、最終的な相続分の金額が算定されます（民903①）。

#### （２）　特別受益に該当する生前贈与等及びその例外

特別受益に該当するのは、遺贈のほか、「婚姻若しくは養子縁組のため若しくは生計の資本として」行われた生前贈与です（民903①）。

また、裁判例上、保険金受取人である相続人と他の相続人との間に著しい不公平を生じさせる生命保険の死亡保険金（最決平16・10・29民集58・7・1979、東京高決平17・10・27家月58・5・94）等、被相続人から相続人に対する遺贈や生前贈与には該当しない利益の享受についても、民法903条の類推適用により持戻しの対象とされるものがあります。

他方、被相続人から持戻しを免除する旨の意思表示が行われた場合（民903③）、及び婚姻期間が20年以上である夫婦間で居住用不動産の遺贈又は贈与が行われた場合（民903④。持戻し免除の意思表示がなされたものと推定されます。）には、当該生前贈与等は特別受益として取り扱われません。

（３）　特別受益の主張の仕方

特別受益に関する主張は、寄与分に関する主張と異なり、遺産分割協議（民907①）や家庭裁判所における遺産分割調停（家事244・別表第２⑫）・審判（家事191）の手続内で随時主張することが可能であって、別途調停手続等を提起する必要はありません。

ただし、令和３年の民法改正により、相続発生から10年間が経過した後は、10年間経過までに家庭裁判所へ遺産分割調停等の申立てを行っていない限り、原則として特別受益に関する主張を行うことができなくなっています（民904の３）。

## ２　被相続人と同居する相続人の特別受益

一部の相続人が被相続人名義の建物で被相続人と同居し、それによって家賃等の支払を免れるといった利益を得ていた場合に、他の相続人から当該同居による利益が特別受益に該当すると主張されることがあります。

しかし、過去の裁判例においては、このように被相続人と同居していた相続人については、当該建物を自己居住用に所有・占有していた被相続人の占有補助者に過ぎず、遺産の前渡しと見るべき利益の移転（使用借権の設定）や遺産の減少が生じていないとして、家賃等の支払を免れたことについて特別受益に該当することを否定する傾向にあります（札幌地判令４・９・30（令元（ワ）1290）、東京地判平30・10・１（平28（ワ）5059）、東京地判平26・３・28（平24（ワ）21551）等）。

なお、上記裁判例はあくまでも被相続人と相続人が同居していた場合についての判断であって、相続人が被相続人の住居とは別の被相続人名義建物を無償で住居等として使用していた場合（東京地判平30・12・

27（平28（ワ）39357）等）や、相続人が被相続人名義の土地を地代等の負担なく建物敷地等として使用していた場合（東京地判令２・３・27金判1599・32等）には、当該事案におけるその他の事情も踏まえ特別受益該当性が認められることもあります。

また、相続人が被相続人との同居によって家賃の負担を免れていただけでなく、被相続人から生活費等の援助も受けていた場合には、「生計の資本として贈与を受けた」ものとみなされ、特別受益として認められる可能性もあります（民903①）。

## 〔4〕 介護費用を負担した場合の寄与分

**Case**　私の父は、母を亡くして以降一人暮らしをしていたのですが、昨年頃から食事や排せつといった日常の動作を一人で行うことが困難となり、介護を受ける必要が生じました。もっとも、私を含め兄弟がみな遠方に居住しており、直接父を介護できる人が親族にいないため、現在は私が費用を負担する形で、毎日訪問介護サービスを利用してもらっています。

今後、父が亡くなり相続が発生した場合に、私が負担した介護費用は遺産分割の中で考慮されるのでしょうか。

◆ ポイント ◆

・相続人が被相続人のために介護費用等の金銭を支出していた場合、当該支出が特別の寄与に該当するものであれば寄与分が認められる可能性があります。

### 解　説

#### 1　金銭支出による寄与分

民法904条の2第1項は、特別の寄与に該当し得る相続人の行為として、「被相続人の事業に関する…財産上の給付…その他の方法」を挙げています。

相続人が被相続人の事業のために金銭を支出した場合には、「被相続人の事業に関する財産上の給付」として、それ以外の事情・目的のために金銭を支出した場合には、「その他の方法」として、いずれも寄与分が認められる可能性があります。

## 2　特別の寄与該当性及び遺産の維持・増加の有無

### （1）　特別の寄与該当性

被相続人のための金銭支出を理由とする寄与分の判断に当たっては、当該金銭支出が事業に関するものであるか否かにかかわらず、当該金銭支出が親族として通常期待される程度を超える貢献といえるか否かや、金銭支出が無償で行われたものであるか否かといった事情が主に考慮されています（高松高決平８・10・４家月49・８・53、さいたま家久喜出審平27・11・27（平27（家）471）、京都家宮津支審平18・10・24家月60・９・99等）。

通常期待される程度を超える貢献か否かという点に関しては、特に生活費や医療費・介護費用の支出の場合、一定程度の金額の支出は親族間の扶養義務の履行として通常期待されるものとみなされるため、相当程度高額の費用を支出している必要があります（前掲さいたま家久喜出審平27・11・27）。

他方、無償性に関しては、金銭支出に対して一部対価を受け取っていたとしても、対価に比べて過大な金銭を支出しているのであれば、対価を上回る部分の支出について無償性ひいては特別の寄与該当性が認められる可能性があります（前掲高松高決平８・10・４、東京高決平22・９・13家月63・６・82）。

なお、被相続人に資力や収入が乏しく、自身で生活費を賄うことができない状態にある場合には、相続人による被相続人のための生活費や医療費・介護費用の支出は、扶養義務に基づく扶養料の支払とみなされる可能性があります（民877）。このような扶養料の支払を理由とする寄与分の判断に当たっては、他の金銭支出を理由とする寄与分よりも判断が厳しくなる傾向にあり、上記のような貢献の程度や無償性に加えて、支払が相当期間にわたって継続している必要があります（大阪家審昭61・１・30家月38・６・28、盛岡家審昭61・４・11家月38・12・71等）。

（2）　遺産の維持又は増加

特別の寄与に該当する相続人の行為によって被相続人の遺産の維持又は増加という結果が生じている必要があることは、他の類型の寄与分の場合と同様です。

金銭の支出による寄与分の場合には、相続人の金銭支出により遺産を構成する財産が取得・維持された場合や（前掲京都家宮津支審平18・10・24等）、本来被相続人が支出していたはずの金銭を相続人が立て替えて支出したような場合（前掲大阪家審昭61・1・30等）に、遺産の維持又は増加が生じたと認められることになります。

相続人が介護費用の支出を行ったケースでは、当時の被相続人の疾病の内容や程度・要介護度を踏まえ、当該支出が必要不可欠であった（相続人が支出していなければ被相続人自ら支出する必要があった）といえるのであれば、遺産の維持又は増加が生じたと認められやすいと考えられます。

## 3　寄与分の算定

被相続人のための金銭支出を理由とする寄与分の算定方法については、療養看護を理由とする寄与分の場合と同様に全ての事情を考慮し概算により算定された例もありますが（前掲高松高決平8・10・4、前掲京都家宮津支審平18・10・24等）、相続人が実際に支出した金額を踏まえ、当該支出により遺産がどの程度維持・増加したかを具体的金額として評価・算定した例も存在します（和歌山家審昭59・1・25家月37・1・134等）。

相続人が介護費用を支出したというケースの場合、当該相続人の立場としては、上記のように介護費用の支出が必要不可欠であったことを主張した上で、相続人が支出した介護費用の総額と同額の遺産の維持・増加が生じている（相続人が支出していなければ被相続人が介護費用を全額支出していたはずである）として、支出した金額と同額の寄与分を主張することが考えられます。

これに対し、寄与分の主張を受けた他の相続人の立場としては、前述した特別の寄与該当性や遺産の維持又は増加という結果の有無を争うほかに、寄与分主張者が支出した金額が過大・過剰であった（被相続人自ら介護費用を負担していたとすれば、より低額しか支出していなかったはずである）として、寄与分主張者の支出した金額より低額の寄与分しか認められるべきでない、といった反論を行うことが考えられます。

## 〔5〕 相続人の配偶者による介護があった場合の寄与分

**Case**　私たち夫婦は、義父（夫の父）が認知症を発症した10年ほど前から、義父と同居し日々の見守りや介護を行ってきました。もっとも、夫は仕事で平日の日中は家にいないため、その間は専業主婦である私が一人で見守りや介護を行っていました。夫には兄弟が二人いますが、どちらも遠方に居住しているということもあり、特に介護への協力は得られませんでした。

今年義父が亡くなり、夫と夫の兄弟で遺産分割協議が行われることになりました。相続人が被相続人を介護していた場合には寄与分として考慮されることがあるようですが、直接の相続人ではない私の介護の負担について、夫たちの遺産分割協議の中で何か主張することはできるのでしょうか。

◆ ポイント ◆

・従前、相続人の家族等が被相続人のために行った特別の寄与については、相続人の履行補助者による寄与行為として、相続人の寄与分の認定に当たって考慮されていました。
・現在は、平成30年民法改正において新設された特別寄与料の制度により解決を図ることも可能ですが、除斥期間との兼ね合いで、なお相続人の履行補助者による寄与行為として主張すべき場合もあります。

## 解　説

### １　履行補助者による寄与行為

民法904条の２第１項は、「共同相続人中に、…特別の寄与をした者があるときは、…寄与分を加えた額をもってその者の相続分とする。」と定めています。この条項を文言どおりに読むと、寄与分の認定に当たって考慮される特別の寄与は「共同相続人」が行ったものに限られ、相続人以外の者が行った寄与行為は考慮される余地がないようにも見えます。

もっとも、実際には、相続人と共にあるいは相続人に代わって、相続人の配偶者や子供が被相続人の療養看護といった寄与行為を行っているケースも多いものです。このような場合に、被相続人の遺産の維持又は増加といった結果が発生しているにもかかわらず、相続人の配偶者等の行為を寄与分の認定に当たって考慮できないとすると、他の相続人は負担なしに遺産の維持・増加（ひいては自身の相続分の増加）という利益を享受できることになり不公平な結果となるほか、後日配偶者等から他の相続人に対する不当利得返還請求等がなされる可能性も残ることになります。

そこで、過去の裁判例では、このような相続人の配偶者等が行った行為が相続人自身による貢献と同視できる場合であって、当該行為が特別の寄与に該当し遺産の維持又は増加という結果が生じている場合には、当該配偶者等による行為を相続人の履行補助者による貢献とみなして、当該相続人の寄与分算定に当たって考慮してきました（東京高決平元・12・28家月42・８・45、東京高決平22・９・13家月63・６・82、東京家審平12・３・８家月52・８・35等）。

## ２　特別寄与料制度について

平成30年民法改正により、新たに特別寄与料という制度が設けられました。

特別寄与料とは、相続人以外の被相続人の親族が無償の療養看護等により被相続人の遺産の維持又は増加に特別の寄与をした場合に、当該親族から相続人らに対して当該寄与に応じた金銭の支払を請求することができる制度であり（民1050①）、上記相続人の配偶者や子供によって療養看護等の寄与行為が行われたケースの多くは、今後はこの特別寄与料の請求が可能になると考えられます。

もっとも、特別寄与料の請求は、特別寄与者が相続の開始及び相続人を知った時から６か月以内かつ相続開始から１年以内という期間制限があり（民1050②）、これは寄与分の主張に関する期間制限（相続開始から10年以内）（民904の３）に比べかなり短期間となっています。

したがって、特別寄与料の期間制限は既に経過してしまったものの寄与分の主張に関する期間制限はいまだ経過していない場合等、今後も相続人の履行補助者による寄与行為という構成で主張を行うべきケースは生じるものと考えられます。

特別寄与料に関する詳細な解説は〔16〕を参照してください。

## 〔6〕 被相続人所有不動産のリフォーム費用を負担した場合の寄与分

**Case**　私の両親は、長らく父名義の住宅で二人暮らしをしていたのですが、父の足腰が悪く自宅内の移動や排せつにも介助が必要な状態となり、母も高齢で父の介助を一人で行うことが困難であるため、昨年から長男である私が両親と同居し父の介護を行うようになりました。

同居を始めるに当たって、父の住宅が既に築30年以上が経過し劣化が目立っていたこともあり、手すりの設置や段差の解消を含む住宅のフルリフォームを行うことになりました。リフォーム費用は総額2,000万円ほどになりましたが、この費用も全額私が負担しました。

今後両親が他界し相続が発生した際、私がリフォーム費用を負担したことは兄弟間での遺産分割協議の中で考慮されるのでしょうか。

◆　ポイント　◆

- リフォーム費用の支出については、特別の寄与該当性が認められ遺産の維持又は増加という結果が生じていれば、金銭の支出による寄与分として認められる可能性があります。
- 被相続人所有の不動産に対するリフォーム費用の支出の場合、相続開始時における当該不動産の残存価値も踏まえ、遺産の維持又は増加が生じているかを検討することになります。

## 解　説

### 1　特別の寄与該当性

〔4〕において解説したとおり、相続人が被相続人のために行った金銭の支出は、当該金銭支出が親族として通常期待される程度を超えるものであり、かつ当該金銭の支出が無償で（対価の受領なく）行われたものであるといった事情が存在すれば、特別の寄与として認められる傾向にあります（高松高決平8・10・4家月49・8・53、さいたま家久喜出審平27・11・27（平27（家）471）、京都家宮津支審平18・10・24家月60・9・99等）。

相続人が被相続人所有の不動産へのリフォーム費用を負担したというケースでは、法律上相続人には（自己の所有物ではない）当該不動産へのリフォーム費用を負担しなければならない理由はなく、かつ金額も相当程度高額となることが想定されるため、費用を負担したことに対する対価を受領していないのであれば、特別の寄与に該当することは比較的認められやすいでしょう。

### 2　遺産の維持又は増加

被相続人所有の不動産に対するリフォーム工事の実施は、遺産を構成する財産である当該不動産の価値を増加させる行為ですので、相続開始時においても当該不動産が存在しており残存価値が存在する場合には、相続人によるリフォーム費用の支出により遺産の維持又は増加という結果が生じたものと認められやすいと考えられます。

他方、リフォーム工事の実施から相続開始までの間にさらに相当期間が経過したといった事情により、相続開始時に対象不動産が現存していなかったり残存価値が0と評価される場合には、遺産のうち当該不動産が占める金額はリフォーム実施の有無により変化がない（どちらにせよ0円である）ため、遺産の維持又は増加という結果が生じているとは直ちにはいえません。

もっとも、このようなケースであっても、リフォーム当時の事情等を踏まえ、仮に相続人が費用を支出していなければ被相続人自ら費用を支出してリフォームを行っていたはずである場合（例えば被相続人が要介護状態にあり、介護のためにリフォームの実施が必要であった場合）等、相続人の費用負担により被相続人の遺産の減少を避けることができたといえる場合には、遺産の維持又は増加という結果の発生が認められる可能性があります（〔４〕参照）。

## ３　寄与分の算定

相続人が被相続人名義の不動産のリフォーム費用を負担したというケースであって、相続開始時に当該不動産の価値が残存している場合には、当該残存価値のうち当該リフォームにより維持又は増額された部分は何円か、という形で寄与分の算定が行われることが考えられます。

この点に関する判断に当たっては、リフォームの内容やリフォーム費用の金額のほか、仮にリフォームが実施されていなかった場合に当該不動産の残存価値がいくらであったかの（同種・同程度の築年数の不動産の評価額を参考にした）推定結果などが考慮要素になりますが、いずれにせよ金額を客観的に確定できるものではないため、最終的には裁判所が全ての事情・資料を踏まえて裁量により判断・決定することになるでしょう。

これに対し、相続開始時に当該不動産それ自体が存在しない、又は不動産の残存価値が０である場合には、上述した遺産の維持又は増加という結果の発生が認められることを前提に、相続人が支出したリフォーム費用全額分の遺産の維持・増加が生じたと認めるべきか（被相続人自ら費用を負担する場合には実施されないであろう過剰なリフォームが行われていないか）、という観点から算定が行われることが考えられます。

## 〔7〕 相続人所有不動産のリフォーム費用を負担した場合の寄与分①（基礎）

**Case**

私の母は、父が亡くなった後しばらく一人暮らしをしていたのですが、加齢に伴い歩行や日常の動作を一人で行うことが困難になってきたため、今年から長男である私の所有する自宅に母を引き取り、妻と共に介護を行うことになりました。

母を引き取るに当たって、母が安全に生活を送ることができるよう、手すりの設置といった介護リフォームを私の自宅に施しました。リフォーム費用は総額で300万円ほどかかり、この費用は全額私が負担しました。

今後母が他界し相続が発生した際、私が母のために自宅のリフォーム費用を負担したことは、兄弟間での遺産分割協議の中で考慮されるのでしょうか。

### ◆ ポイント ◆

・相続人所有の不動産に対するリフォーム費用の支出の場合、リフォーム対象の不動産が遺産を構成する資産ではないため、遺産の維持又は増加が認められるハードルは高くなります。

・療養看護を理由とする寄与分を主張する上での一事情として主張することも考えられます。

## 解　説

### 1　金銭の支出を理由とする寄与分主張の可否

〔6〕において解説した、被相続人所有不動産のリフォーム費用を相続人が負担したケースと異なり、相続人所有不動産にリフォームが実施された場合には、当該不動産は遺産を構成する資産ではないため、リフォームによる対象不動産の価値の増加それ自体は遺産の維持又は増加という結果を生じさせるものではありません。

また、リフォームの対象が被相続人所有ではなく相続人所有の不動産である以上、通常は当該リフォーム費用を相続人が負担するのが当然であるといえますので、同じく〔6〕において解説したような、リフォーム費用の負担によって遺産の減少を避けることができたといえるケースはかなり限定的になります。

例外的に遺産の減少を避けることができたと認め得るケースとしては、被相続人の疾病等との兼ね合いで、相続人所有不動産で被相続人が居住するためにはリフォームが必要不可欠であり、かつ被相続人自身が当該不動産での居住を強く望んでいたような場合（被相続人自らリフォーム費用を負担してでも当該不動産での居住を希望していたと認め得る場合）等が考えられます。

このように、相続人所有の不動産に対するリフォーム費用の負担について、金銭の支出を理由とする寄与分を主張することのハードルはかなり高いといえます。

### 2　療養看護を理由とする寄与分主張との関係

他方、相続人所有の不動産に対するリフォーム費用の負担が寄与分の理由として主張されるケースの多くは、本ケースのように、介護等の必要のため被相続人を相続人所有の自宅に引き取るに当たって、被相続人のためにリフォームを実施したというようなケースと想定されます。

このようなケースにおいては、リフォームの実施後、相続人が被相続人に対し介護等を行うことが想定されるため、当該介護等の内容や期間によっては、相続開始後に療養看護を理由とする寄与分を主張できる場合があります。

その場合には、相続人所有の自宅にリフォームを実施したという事実は、仮に金銭の支出による寄与分を認めるべき理由とはならないとしても、被相続人の生活環境の整備という意味で療養看護の一要素をなすものとして、相続人による療養看護が扶養義務の範囲を超える特別の貢献であったこと（ひいては療養看護を理由とする寄与分を認めるべきであること）を補強する事実となり得ると考えられます。

### 3　寄与分の算定

仮に、相続人所有不動産へのリフォーム費用の負担を理由として、金銭の支出による寄与分が認められる場合には、その金額の算定は〔6〕において解説した内容に準じて行われることになります。

他方、療養看護による寄与分を認めるべき一事情として、相続人所有不動産へのリフォーム費用の負担が考慮された場合、寄与分の算定は基本的に〔2〕において解説した内容に準じることになりますが、リフォームにより生活環境を整備したという事情は、介護報酬額等からどの程度減額した金額を１日当たりの単価とするかの判断に当たって、単価を増額する方向に働き得ると考えられます。

## 〔8〕 相続人所有不動産のリフォーム費用を負担した場合の寄与分②（発展）

**Case**　私は、〔7〕の事例の相談を行った者であり、介護リフォームが完了した後、母を自宅に引き取って介護をしていましたが、今月に入り急遽海外への転勤が決まり、単身赴任をすることになりました。

妻は体が弱く、妻一人で母の介護を続けることは困難であることから、やむを得ず母には近隣の介護施設に入所してもらうことになりました。私たち夫婦が母を引き取って介護を行った期間は、およそ半年間です。

このような場合であっても、今後母が他界し相続が発生した際、私が母のために自宅のリフォーム費用を負担したことは、兄弟間での遺産分割協議の中で考慮されるのでしょうか。

◆ ポイント ◆

・相続人所有の不動産に対するリフォーム実施後、被相続人が早期に当該不動産から退去した場合には、寄与分が認められるハードルはより一層高くなります。

**解　説**

### 1　金銭の支出を理由とする寄与分主張の可否

〔7〕において解説したとおり、被相続人の介護等のために相続人所有不動産にリフォームが実施されたケースの場合、当該リフォーム費用の負担をもって金銭の支出を理由とする寄与分が認められるのは、

被相続人自らリフォーム費用を負担してでも当該不動産での居住を強く希望していたと認め得る場合等の例外的なケースに限られます。

そして、リフォームの実施後早期に被相続人が当該不動産を退去している場合、当該事実は被相続人が当該不動産への居住を強く希望していたこと（相続人がリフォーム費用を負担しなければ被相続人が負担していたはずであること）を否定する方向に働き得る事情といえます。被相続人が当該不動産への居住を強く希望していたのであれば、通常早期に当該不動産を退去することはないためです。

この点、被相続人の退去の理由が、例えば相続人の急遽の転勤等により同居及び介護を継続できなくなったといった、リフォーム実施以前には予期できなかったものである場合には、少なくともリフォーム実施時点では被相続人は当該不動産での居住を強く希望していたものであるとして、相続人がリフォーム費用を負担することにより遺産の減少を避けることができたと主張する余地があります。

他方、被相続人の退去の理由が同居する相続人との仲違いといった事情の場合には、被相続人が当該不動産での同居を強く希望していたかどうかは疑わしいとみなされ、相続人によるリフォーム費用の負担が遺産の維持・増加という結果を生じさせていない（ひいては寄与分は認められない）と判断されやすくなります。

## 2　療養看護を理由とする寄与分主張との関係

〔7〕において解説したとおり、被相続人を相続人所有の自宅に引き取って介護を行うに当たって当該自宅にリフォームを実施したというケースでは、療養看護を理由とする寄与分を主張するに当たっての一事情としてリフォーム費用の負担の事実を主張することも考えられます。

もっとも、〔2〕において解説したとおり、療養看護を理由とする寄与分が認められるためには、おおむね１年間以上の期間にわたって介護等が継続していることが求められますので（大阪家審平19・２・26家月59・８・47等）、早期に被相続人との間の同居が解消されているケースでは、介護期間の短さがハードルとなることが想定されます。

### ３　寄与分の算定

金銭の支出を理由とする寄与分と療養看護を理由とする寄与分のいずれを主張する場合も、被相続人が早期に退去しているという事実それ自体は、寄与分の金額算定を大きく左右する事情とはなり難いです。

# 〔9〕 代襲相続人の寄与分

**Case**

私の母方の祖母は、私が学生だった頃から認知症を患っており、私は当時から母と共に祖母と同居して介護を行ってきました。

今から10年前、母が病気のため祖母より先に亡くなりました。その際、祖母を介護施設に入所させることも考えたのですが、住み慣れた自宅を離れて施設に入れることを不憫に思い、それ以降も私が祖母と同居し介護を続けてきました。

今年、祖母が亡くなり、私は母の代襲相続人として母の兄弟と祖母の遺産について分割協議を行うことになりました。この遺産分割協議の中で、私が長年行ってきた介護について寄与分として主張することは可能なのでしょうか。

◆ ポイント ◆

・代襲原因発生後の代襲相続人による寄与行為は、相続人による寄与行為として寄与分の認定対象になると解されます。
・代襲原因発生前の代襲相続人による寄与行為についても、多くのケースでは寄与分の認定対象になり得ます。

## 解　説

### 1　代襲相続について

代襲相続とは、相続人となるべき被相続人の子や兄弟姉妹（被代襲者）が相続開始前に死亡したり、相続欠格や廃除のため相続権を失った場合に、それら相続人となるべき者の子が被代襲者に代わって相続人となる制度です（民887②・889②）。

被相続人の子については、代襲相続人となるべき者（被相続人の孫）も相続開始前に相続権を失っていた場合には、その子（ひ孫）が代襲相続人となります（再代襲）(民887③)。他方、被相続人の兄弟姉妹についてはそのような定めは存在しないため、被相続人の兄弟姉妹の子も相続開始前に相続権を失っていた場合には、再代襲は発生しません。

また、代襲相続人となることができるのは、被相続人の直系卑属に限られます（民887②ただし書)。被相続人である養親と養子縁組をした養子に、養子縁組前に出生していた子がいたというケースでは、当該養子の子と養親との間には血族関係が生じないため（民727・809)、当該養子が養親よりも先に死亡した等の理由で相続権を失った場合であっても、養子の子は代襲相続人となることができません。

## ２　代襲相続人による寄与行為と寄与分の成否

〔１〕において解説したとおり、寄与分が認められるためには原則として「共同相続人」による特別の寄与が行われる必要があるところ（民904の２①)、代襲相続人が寄与行為を行った場合に、これを「共同相続人」による特別の寄与と認めてよいかが問題となります。

### （１）　代襲原因発生後の寄与行為

代襲原因（相続人となるべき者の死亡等）が発生した後に、代襲相続人となるべき者が被相続人に対して介護等の寄与行為を行った場合には、当該寄与行為をもって「共同相続人」による特別の寄与を認めることができます（横浜家審平６・７・27家月47・８・72)。

代襲相続人は、民法887条２項又は民法889条２項により、代襲原因の発生に伴い被相続人の相続人となるべき者の地位に立つ以上、それ以降の代襲相続人は民法904条の２第１項にいう「共同相続人」に該当すると解されるためです。

### （２）　代襲原因発生前の寄与行為

これに対し、代襲原因が発生するより前に代襲相続人が被相続人に対して寄与行為を行っていた場合、当該寄与行為が行われた当時代襲相続人は未だ相続人となるべき者の地位には立っていなかった以上、当該寄与行為をもって「共同相続人」による特別の寄与と認めてよいか、学説においては議論があります。

もっとも、〔10〕において解説するとおり、代襲相続人は被代襲者の寄与行為をもって自身の寄与分を主張することができるところ、特に介護等の療養看護を理由とする寄与分の成否が問題となる場合、代襲原因発生前の代襲相続人は被代襲者の履行補助者として寄与行為を行ったと評価できるケースが多数と思われるため、少なくともそのようなケースでは代襲原因発生前の代襲相続人による寄与行為を理由として寄与分を認めることが可能と考えられます。

また、平成30年民法改正により特別寄与料の制度が新設されましたが、相続人は特別寄与料を請求することができないものとされているところ（民1050）、代襲相続人も相続人であることに変わりはないため、代襲相続人は、自身が（代襲原因発生の前か後かを問わず）被相続人に対して行った寄与行為に関し、相続開始後に特別寄与料を請求することはできないということになります。このように、代襲原因発生前の代襲相続人の寄与行為を特別寄与料の制度内で考慮することができないと解される以上、当該寄与行為も「共同相続人」による特別の寄与に該当するものとして、代襲相続人の寄与分の成否において考慮すべきであるといえます。

なお、この点に関し、鳥取家裁平成５年３月10日審判（家月46・10・70）は、結論として代襲原因発生前の代襲相続人の寄与行為も寄与分を認めるべき理由に挙げていますが、代襲原因発生前の代襲相続人による寄与行為も「共同相続人」による特別の寄与に該当すると判断したものか、それとも上記のように被代襲者の履行補助者としての寄与行為として考慮したものか、解釈の余地があります。

## 〔10〕 被代襲者の寄与行為と代襲相続人の寄与分

**Case**　私の母方の祖母は、私が就職し一人暮らしを始めた頃に認知症を患い、それ以降母は長年にわたって祖母と同居し介護を行ってきました。

今から10年前、母が病気のため祖母より先に亡くなりました。当時、祖母の親族には私を含め祖母を引き取って介護をすることのできる人がいなかったため、祖母には介護施設に入所してもらうことになりました。

今年、祖母が亡くなり、私は母の代襲相続人として母の兄弟と祖母の遺産について分割協議を行うことになりました。私は母と異なり祖母の介護はしていませんが、遺産分割協議の中で、母が長年行ってきた介護について、寄与分として主張することは可能なのでしょうか。

### ◆ ポイント ◆

・被代襲者が被相続人に対して行った特別の寄与を理由として、代襲相続人が寄与分を主張することは可能です。

### 解　説

〔１〕において解説したとおり、寄与分が認められるためには原則として「共同相続人」による特別の寄与が行われる必要があるところ（民904の２①）、相続開始時点で相続権を失っている被代襲者による寄与行為が、同項にいう「共同相続人」による特別の寄与に該当するかが問題となります。

## １　代襲原因発生前の寄与行為

代襲原因が発生するより前に、被代襲者が被相続人に対して介護等の寄与行為を行っていた場合には、代襲相続人は当該被代襲者による寄与行為をもって「共同相続人」による特別の寄与があったとして、自身の寄与分を主張することができます（東京高決平元・12・28家月42・8・45、熊本家玉名支審平３・５・31家月44・２・138）。

相続人間の不公平を修正するという寄与分の制度趣旨から、被代襲者による寄与も代襲相続人の寄与分として考慮する必要があることや、代襲相続人は代襲原因の発生により被代襲者に代わって相続人の地位に立つ以上、代襲原因発生前の被代襲者の寄与行為についても被代襲者に代わって主張できると解釈すべきであることが、その理由とされます。

## ２　代襲原因発生後の寄与行為

代襲原因が被代襲者の死亡である場合、代襲原因発生後に被代襲者が寄与行為を行うということは想定できませんが、代襲原因が廃除又は相続欠格である場合には、これらの代襲原因発生後に被代襲者が被相続人に対する寄与行為を行うということも一応想定されます。

この点については、相続欠格事由（民891）や廃除理由（民892）は著しい非行や被相続人に対する虐待・重大な侮辱に限られることから、仮にこのような行為を行った者がその後に被相続人への寄与行為を行ったとしても、当該行為を遺産分割において考慮しなくとも相続人間に不公平が生じるとはいえず、むしろ当該行為を遺産分割において考慮してしまうと相続権の剥奪という重大な効果を定めた民法の趣旨に反するとも考えられ、当該寄与行為は代襲相続人の寄与分を認める理由とはならないという考え方もあり得ます。

他方で、このような相続欠格事由や廃除理由が存在する場合にも代襲相続が発生することを民法が認めていることを踏まえると、特に代襲相続人の履行補助者として被代襲者が寄与行為を行ったようなケースでは、当該寄与行為を理由とする寄与分が認められなければ代襲相続人の利益を不当に害する結果になるという考え方もあり得ます。

いずれにせよ、廃除を受けたり相続欠格に該当した者がその後に被相続人に対する寄与行為を行うというのは相当のレアケースであると思われ、実際このようなケースで被代襲者による寄与行為を理由とする寄与分が主張された裁判例等も見当たりません。

## 〔11〕 介護の寄与分に対しての遺留分侵害額請求

**Case**

私の父は、20年ほど前から足腰が悪くなり日常生活に介護が必要な状態になりました。当時既に私の母は亡くなっており、また私の兄弟や他の親族は皆父と疎遠で介護を行う意思もないようでしたので、私が父を引き取り、介護を行ってきました。

昨年、父が亡くなりました。父の生前、父から遺言を作成しているというような話を聞いていたことから、公証役場で父の遺言を検索してもらったところ、私に全ての遺産を相続させるという内容の公正証書遺言が作成されていたことが判明しました。

この遺言の存在を私の兄弟に伝えたところ、彼らから遺言の内容は遺留分を侵害するものであるとして遺留分侵害額請求を受けました。彼らは父の介護に何の協力もしていなかったのですが、それでも彼らからの遺留分侵害額請求に応じなければならないのでしょうか。

◆ ポイント ◆

・遺留分や遺留分侵害額の算定に当たって他の相続人の寄与分は考慮されないため、寄与分が存在することを根拠に遺留分侵害額請求を拒むことはできません。
・遺産分割の場面においても、他の相続人の相続分が遺留分を下回るほど高額な寄与分が認められることは稀です。

## 解　説

### 1　遺留分について

遺留分とは、相続人に対し、被相続人による生前贈与や遺贈（特定財産承継遺言（いわゆる「相続させる」旨の遺言）や相続分を指定する遺言による遺産の処分も含みます。）により遺産が処分された場合にも、遺産のうちの一定割合を取得できることを保障する制度です。

従前、遺留分を侵害された相続人は、遺産の生前贈与や遺贈を受けた者に対し、当該生前贈与等の効力を失わせて遺産を相続人に返還するよう求める、「遺留分減殺請求」という請求を行うことができるものとされていました。この制度下においては、例えば不動産の遺贈を受けた者に対して遺留分減殺請求が行われた場合、遺留分を侵害する限度で当該不動産の生前贈与の効力が失われて相続人に返還される結果、相続人と受贈者が当該不動産を共有するという帰結が生じることがありました。

これに対し、平成30年民法改正により、遺留分を侵害された相続人は、遺産の生前贈与や遺贈を受けた者に対し、自身の遺留分が侵害されている分の金額の支払を求める、「遺留分侵害額請求」という請求を行うことができることになりました（民1046）。

### 2　寄与分が認められる相続人に対する遺留分侵害額請求の可否

民法1042条は、相続人の有する遺留分について、被相続人の兄弟姉妹の相続人については０、被相続人の直系尊属のみが相続人である場合については相続分の３分の１、その余の場合については相続分の２分の１と定めています。

その上で、民法1046条は、ある相続人が受けた特別受益の金額と、法定相続分及び遺言・特別受益を踏まえて当該相続人が相続すべき遺産の金額の合計額から、当該相続人が被相続人から承継する負債の金額を控除した金額が、上記遺留分の金額に満たない場合に、それらの差額を遺留分侵害額として遺贈や生前贈与を受けた者に対し請求することができるものと定めています。

これら遺留分の金額や遺留分侵害額の算定方法に関する定めにおいては、寄与分については言及されていません（民法1042条各項及び民法1046条各項の定めにおいて、寄与分について定める民法904条の２には言及されていません。）。また、寄与分は相続人間の協議、調停又は審判によって定められる必要のあるものであって（民904の２②）（〔１〕参照）、例えば遺留分侵害額を請求する訴訟において被告側が自身の寄与分の存在を主張したとしても、受訴裁判所は寄与分の存否及び金額について判断することはできません。

これらの事情から、生前贈与や遺贈を受けた相続人は、自身に寄与分が存在することを理由として遺留分侵害額請求を拒むことはできません（東京地判平28・11・8（平25（ワ）31791）、東京高判平３・７・30判時1400・26等）。

### ３　寄与分の算定と遺留分

寄与分と遺留分の関係をめぐっては、ここまで述べてきたような遺留分侵害額請求に対する寄与分を理由とする反論の可否のほかに、遺産分割調停や審判の場面において、他の相続人の遺留分を侵害するほど高額の寄与分を特定の相続人に認めることができるのか、という問題もあります。

この点、寄与分や遺留分の算定方法に関する定めにおいては、遺留分を侵害するほど高額な寄与分を算定することを禁止する規定は存在しません（民904の２・1042・1046）。よって、理論上は、他の相続人の遺留分を侵害するほど高額の寄与分を認めることも可能です（遺産総額の

７割に相当する寄与分を認定した、浦和家越谷支審平３・８・７（平２（家）454））。

もっとも、上記のとおり遺留分侵害額請求が行われる場面においては遺留分の定めが寄与分に優先する結論となることや、高額の寄与分が認定された相続人は遺留分侵害額請求の対象者にはならないこと（民1046①）を踏まえると、寄与分の算定に当たっては他の相続人の遺留分が侵害される結果となるか否かについても当然に考慮されるべきであり、高額の寄与分を認めるべき特段の事情がない限り、他の相続人の遺留分を侵害するような寄与分を認定することはできないと解されます（前掲浦和家越谷支審平３・８・７の抗告審である、東京高決平３・12・24判タ794・215）。

## 〔12〕 寄与分に言及した遺言の効力①（寄与分を与えない旨の遺言）

**Case**

私の父は、病気のため15年ほど前に寝たきりの状態となりました。父には私を含めて三人の子供がいましたが、私以外の兄弟は遠方に居住していたため、それ以降私が父の介護を行ってきました。

私はその後約10年間にわたって父の介護を続けてきたのですが、今から５年ほど前、仕事で海外に赴任することとなりました。父からは仕事を辞めて介護を続けてもらえないかとの話があったのですが、私としては仕事を辞める決心がつかず、最終的に父には介護施設に入所してもらうことになりました。父は介護施設に入ることに抵抗があったようで、このときに父とはかなりの口論となりました。

昨年、父が亡くなりました。その際、介護施設の職員の方から父が生前公正証書遺言を作成していたようだとの話を聞き、公証役場で遺言の検索をしたところ、私に対しては約10年間の介護を理由とする寄与分は与えない、遺産については兄弟三人で協議の上で分割するように、という内容の遺言が作成されていたことが判明しました。

私としては、約10年間にわたる介護が寄与分として考慮されないというのは納得がいかないのですが、この遺言に従い、私の寄与分はないものとして遺産分割協議を行わなければならないのでしょうか。

◆ ポイント ◆

・寄与分の有無は法定の遺言事項に含まれておらず、特定の相続人について寄与分が存在しない旨の遺言が作成されたとしても、当該相続人は自身の寄与分の存在を主張することができ、裁判所も寄与分を認定することが可能です。

## 解　説

### 1　遺言について

遺言とは、遺産の処分その他の事項に関する遺言者の最終意思を表示したものです。

民法上、遺言が法律上の効力を有するためには、自筆証書遺言や公正証書遺言等、法定の方式によりなされる必要があり（民967以下）、当該方式に従わずに行われた遺言は法律上無効となります。

遺言により法律上の効果を生じさせることのできる事項(遺言事項)は、身分関係に関する事項（民781②等）や遺産の処分に関する事項（民964等）等、民法上に具体的に記載されています。これら法定の遺言事項以外の事項を内容とする遺言がなされたとしても、当該内容は法律上の効果を有することはありません。

もっとも、このような法定遺言事項以外の内容についても、遺言がなされた当時の遺言者の真意や認識を推認する資料等として考慮されることがあるほか、実務上も法定遺言事項の範囲に留まらない遺言者の意思を相続人に伝える手段として、「付言事項」といった形で遺言中に記載・表示されることはしばしばあります。

### ２　寄与分を与えない旨の遺言の効果

上記のとおり、遺言事項については民法上に具体的に記載されているところ、寄与分の存否や金額の指定については、民法上遺言事項として定められていません。

そのため、法律上有効な方式でなされた遺言の中に、特定の相続人に寄与分を与えない旨の記載・表示があったとしても、当該内容の遺言は法律上の効果を有さず、当該相続人は遺産分割協議や調停・審判手続において自身の寄与分を主張することができますし、裁判所も当該相続人の寄与分を認定することが可能です。

もっとも、前述のとおり法定遺言事項以外の内容の遺言についても、遺言者の当時の真意・認識を推認させる資料等として使用することはできますので、例えば相続人名義の自宅リフォーム費用の負担が寄与分の理由として主張されているようなケースでは、当該相続人の寄与分は認めない旨の遺言の存在から、被相続人が当該リフォームの実施を希望していなかったことが推認され、ひいては当該遺言の存在が寄与分の存在を否定する方向や金額を減額する方向の要素として考慮される可能性はあります。

## 〔13〕 寄与分に言及した遺言の効力②（寄与分を与える旨の遺言）

**Case**

私の父は、病気のため15年ほど前に寝たきりの状態となりました。父には私を含めて三人の子供がいましたが、私以外の兄弟は遠方に居住していたため、それ以降私が父の介護を行ってきました。

昨年、父が亡くなり、公証役場で遺言の検索をしたところ、長年の介護に報いるため私に対し寄与分として遺産の４割を相続させる、残りの６割の遺産については兄弟三人に３分の１ずつ相続させる、という内容の遺言が作成されていたことが判明しました。

他の二人の兄弟からは、この遺言書に記載されている寄与分に関する内容は無効であるとの主張がなされているのですが、私は遺言の内容どおりに寄与分として遺産の４割を相続することはできないのでしょうか。

◆　ポイント　◆

・寄与分の有無は法定の遺言事項に含まれておらず、特定の相続人に一定の寄与分を与える旨の遺言がなされたとしても、当該遺言どおりの効果が直ちに生じるわけではありません。
・もっとも、遺言書の文言から解釈される遺言者の真意次第では、結論として寄与分が認められたのと同じ結果を得られる可能性もあります。

## 解　説

### 1　寄与分に言及した遺言の効果

〔12〕において解説したとおり、寄与分の存否や金額の指定については、民法上遺言事項として定められていません。

そのため、法律上有効な方式でなされた遺言の中に、特定の相続人に一定の寄与分を与える旨の記載・表示があったとしても、当該内容の遺言は法律上の効果を有さず、寄与分を定める調停や審判手続において当該遺言の内容と異なる寄与分の認定がなされる可能性はあります。

### 2　寄与分を与える旨の遺言の解釈・活用

他方、一般に遺言の内容を解釈するに当たっては、遺言者の真意を探究し極力当該遺言が有効となるように解釈すべきとされています（最判昭58・3・18判時1075・115、最判平5・1・19民集47・1・1）。

これは特定の相続人に対して一定の寄与分を与える旨の遺言についても同様であり、例えば寄与分として特定の資産又は遺産の一定割合を相続させる、といった文言の遺言がなされていた場合には、これを特定財産承継遺言又は相続分の指定を行う遺言の趣旨であると解釈し、これらの効果を有する遺言として有効なものと取り扱われるケースもあります（東京地判平30・3・27（平29（ワ）29498））。

また、単に特定の相続人の貢献について「寄与分として取り扱ってもらいたい」旨の記載のみがある場合等、特定財産承継遺言や相続分の指定を行う遺言と解釈することが困難な場合であっても、〔12〕において解説したように、これを遺言当時の遺言者の意思・認識を推認させる資料として活用し、寄与分の存在を肯定したり、寄与分の金額を増額する方向の考慮要素とすることは考えられます。

### ３　本ケースの場合

本ケースの場合、遺言の文言や遺言全体の構成を踏まえると、被相続人の遺言の趣旨は、相談者の介護による特別の寄与を考慮し、相談者の相続分を計６割、残り二人の兄弟の相続分を２割ずつとする相続分の指定を行うものである、といった主張が可能といえるでしょう。

## 〔14〕寄与分が認められない場合の対応

**Case**

私は、大学卒業後しばらく一人暮らしをしていたのですが、10年前に母が亡くなった際、父から一人で暮らすのは不安なので一緒に住んでもらいたいとの話を受け、父名義の実家で父と同居するようになりました。

それ以降、年金収入のみで貯蓄も余りないという父のために、私は毎月生活費や医療費として５万円を援助してきたほか、足腰が弱っていた父の頼みに応じて、日常生活の手伝いや通院・外出時の付添いも行い、５年前に実家を一部リフォームした際には、やはり父からの頼みに応じて業者との手続を代行し、リフォーム費用も私の方で立て替えて支払いました。これら付添いのための交通費やリフォーム費用の立替払いのために支出した金額は、総額で200万円ほどになります。

今年父が亡くなり、兄弟間で遺産分割協議を行ったのですが、私が父に対して行った援助や貢献を寄与分として考慮するかどうかについて合意ができず、家庭裁判所に調停手続を申し立てました。調停手続の中でも合意に至ることができず、最終的に裁判所から、私の援助や貢献は寄与分とは認められないとの審判が出されました。

寄与分と認められないという裁判所の判断は受け入れようと思いますが、私が父のために支出した金額についても、一切戻ってはこないのでしょうか。

◆ ポイント ◆

・被相続人のために支出した金額については、仮に寄与分とは認められないとしても、被相続人との間の委任契約に基づく費用償還請求、不当利得返還請求や事務管理に基づく費用償還請求、扶養義務者間の求償請求といった形で、他の相続人に請求を行うことのできる可能性があります。

解　説

## 1　被相続人のために支出した金銭の求償方法

〔4〕ないし〔8〕で解説したとおり、相続人が被相続人のために金銭を支出した場合、遺産分割において寄与分として認められることがあります。

他方、寄与分として認められなかった場合に、当該支出した金銭について、遺産から取り戻すことはできないのでしょうか。

### （1）　委任契約等に基づく費用償還請求

この点、金銭の支出が被相続人からの依頼に基づいて行われたものである場合、相続人と被相続人との間に当該依頼内容についての委任契約又は準委任契約が成立していたものとして、相続人から被相続人に対する費用償還請求権が認められる可能性があります（民650・656）。

当該費用償還請求権が認められる場合、被相続人の償還義務は相続により共同相続人に承継されるため、金銭の支出を行った相続人は他の相続人に対して相続分の割合に応じて償還請求を行うことができます（東京地判平21・9・28（平19（ワ）33583）、東京地判平25・1・25（平21（ワ）38034））。

### （2）　事務管理に基づく費用償還請求又は不当利得返還請求

相続人による金銭の支出が被相続人の依頼に基づくものとはいえな

い場合であっても、当該金銭の支出について相続人側に支出すべき義務がなく、かつ当該支出によって被相続人が利益を享受している場合には、相続人から被相続人に対する不当利得返還請求権又は事務管理に基づく費用償還請求権が認められる可能性があります（民702・703）。

これらの請求権が認められる場合にも、委任契約等に基づく費用償還請求の場合と同様、金銭の支出を行った相続人は他の相続人に対して相続分の割合に応じて償還請求を行うことができます（前掲東京地判平25・1・25）。

ただし、このような金銭の支出が、相続人から第三者に対する支払ではなく被相続人に対する支払の形で行われた場合（例えば相続人が被相続人に対して自宅リフォーム代金相当額を援助した場合）、相続人から被相続人に対する贈与が行われたものとみなされ、不当利得返還請求権等が認められない可能性があります。

（3）　扶養義務者間の求償請求

相続人から被相続人に対する金銭の支払のうち、被相続人が自身の資力と稼働能力では生活できない状態にあり、そのような被相続人の生活費や医療費を援助するための支払である場合であって、相続人が被相続人との関係で扶養義務者（民877）に当たる場合には、当該支払は扶養義務に基づく扶養料の支払とみなすことができます。

そして、このような扶養料の支払を行った相続人は、扶養料を負担していない他の扶養義務者に対し、過去に支払った扶養料の一部について求償請求をすることができます（東京高決昭61・9・10判タ637・189）。

このような扶養料の求償請求は、複数の扶養義務者間の分担（各扶養義務者の扶養の順位・程度又は方法）を定めることと裏表の関係にありますので、まずは当事者間で協議を行い、合意に至らない場合には家庭裁判所での調停・審判手続において決する必要があり（民878・879）、民事訴訟手続において請求を行うことはできません（最判昭42・

２・17民集21・１・133)。

また、過去に支払った全扶養料を求償の対象にできるわけではなく、裁判例では、求償請求時から遡って過去５年間分の扶養料のみを求償の対象として認めた例が存在します（前掲東京高決昭61・９・10等)。

## ２　療養看護その他労務の提供に対する求償について

上記のような、相続人が被相続人のために金銭の支出を行ったケースとは異なり、療養看護等の労務の提供を行ったケースの場合、当該相続人が他の相続人に当該労務提供の対価を請求することは困難です。

すなわち、当該労務提供が被相続人との間の委任契約又は準委任契約に基づくものと評価し得るとしても、これらの契約は特約のない限り無報酬とされているため（民648①)、被相続人との間で報酬についての合意をしていなければ、これらの契約に基づく報酬請求を行うことはできません。

また、事務管理についても、民法上管理者の報酬についての定めはなく、事務管理を理由とする報酬請求を行うことは困難です。

さらに、不当利得返還請求についても、労務の提供により被相続人の得た利益を金銭的に評価することは一般的に困難であり、請求が認められるハードルは高いといえるでしょう。

## ３　本ケースの場合

本ケースの場合、相談者としては、付添い交通費及びリフォーム費用立替金については委任又は準委任契約に基づく費用償還請求により、生活費の援助については扶養料の求償請求により、いずれも他の相続人に対して請求を行うことが考えられます。

## 〔15〕 遺産分割協議をしないまま時間が経過した場合の寄与分主張の期間制限

**Case**　私の母は、私が若い頃に亡くなり、それ以降父はしばらく一人暮らしをしていましたが、20年ほど前に病気のため要介護状態となりました。私たち兄弟は皆遠方に住んでいて父とは疎遠な状態でしたが、私は長男であるということもあり、また父に同情する気持ちもありましたので、父を自宅に引き取り休日は介護をするとともに、父に対して介護費用の援助を行ってきました。

そのような生活が10年間ほど続いた後、父が亡くなりました。父の遺産は預貯金を中心に1,000万円ほどあり、兄弟にもそのことを伝えましたが、私たち兄弟は皆収入があり特にお金に困っておらず、また兄弟の中に海外に住んでいる者がいたこともあり、遺産分割協議をしないまま時間が経ってしまいました。

今年に入り、海外に住んでいた兄弟が帰国したので、これを機に遺産分割協議を始めようと思い立ちました。既に父が亡くなってから9年間以上が経過しているのですが、これから遺産分割をするに当たって何か注意点などはありますでしょうか。

◆ ポイント ◆

・令和3年民法改正により、寄与分の主張に期間制限が設けられ、当該期間内に家庭裁判所へ遺産分割調停の申立てを行わなければ主張を行うことができなくなりました。

## 解　説

### １　令和３年民法改正による主張期間制限の新設

令和３年民法改正により、民法904条の３が新設され、相続開始の時から10年を経過して以降の遺産分割においては、特別受益及び寄与分に関する民法の規定は適用されないことになりました。

上記改正法は令和５年４月１日から施行されており、同日より前に発生した相続にも適用があるものの、経過措置として同日より前に発生した相続については５年間の猶予期間（相続発生から10年経過と施行日から５年経過のいずれか遅い方を主張期限とする）が設けられています（令３法24改正民附則３）。

また、例外規定として、相続開始の時から10年以内に家庭裁判所へ遺産分割の請求をしたとき（民904の３一）、又は10年の期間の満了前６か月以内の間に遺産分割を請求できないやむを得ない事由が相続人にあり、当該事由が消滅した時から６か月以内に当該相続人が家庭裁判所に遺産分割の請求をしたとき（民904の３二）は、上記期間制限は適用されないものとされています。

### ２　民法改正を踏まえた対応

民法上、遺産分割協議自体については期間制限が設けられていません。そのため、相続人が多数であったり連絡が取れない相続人がいるようなケースでは、遺産分割協議が行われないまま時間が経過してしまうこともしばしばあるため、上記主張期限を徒過することのないよう注意が必要です。

この点、民法904条の３第２号は遺産分割を請求できないやむを得ない事由がある場合を例外規定として定めていますが、上記相続人が多数であるという事情は遺産分割を請求できない事由とまでは言い難いと思われ、また相続人に行方不明者等がいる場合にも不在者財産管理人の選任を申し立てた上で遺産分割協議や調停手続を行うことが可能ですので（民25）、同号が適用されるケースはかなり限定的と考えられます。

よって、相続開始から時間が経過し上記主張期限が近づいているケースで、自身の寄与分や他の相続人の特別受益の主張を行うことを希望する相続人は、民法904条の３第１号の例外規定の適用を受けるため、期限内に家庭裁判所へ遺産分割調停の申立てを行うべきです。

なお、〔1〕において解説したとおり、寄与分を定める処分の申立ては遺産分割とは別の手続が必要になること、遺産分割が審判手続にまで進んだ場合には家庭裁判所が寄与分を定める処分の審判の申立てをすべき期間を定める場合があるほか（家事193①）、当該期間の定めがない場合にも時機に後れて寄与分を定める処分の申立てをした場合には申立てが却下される場合があること（家事193③）にも、注意が必要です。

## 第２　介護と特別寄与料

### 〔16〕 相続人以外の被相続人の親族による介護に対する遺産分割での優遇（特別寄与料総論）

**Case**

私の夫は、長男であるということもあり、認知症を患い介護が必要であった義母（夫の母）を15年前に自宅に引き取り、同居するようになりました。もっとも、夫は平日仕事で家を留守にしていたため、その間は専業主婦をしていた私が専ら義母の介護をしていました。

５年前、夫が病気で亡くなりました。夫には兄弟がいましたが、皆義母との関係は余りよくないようであり、また私自身若い頃に義母にお世話になったという思いもあったため、夫が亡くなった後も私が義母と同居し、介護を続けていました。

今年、義母も亡くなり、相続が発生しました。私たち夫婦には子供がおらず、夫の兄弟からは私に相続権はないと言われています。私が義母のために行ってきた介護について、相続手続の中で何か主張できることはないのでしょうか。

◆ ポイント ◆

・平成30年民法改正により、相続人以外の被相続人の親族が被相続人に対し介護等の労務の提供により特別の寄与を行った場合には、特別寄与料の請求が認められるようになりました。

## 解　説

### 1　特別寄与料について

平成30年民法改正により、民法1050条が新設され、相続人以外の被相続人の親族で、被相続人に対し無償で労務の提供を行い、それによって遺産の維持又は増加に特別の寄与をした者は、相続開始後に相続人に対して特別寄与料の請求を行うことができるようになりました。

従前、相続人以外の者による遺産の維持又は増加への貢献を遺産分割に反映させる方法として、〔5〕において解説した相続人の履行補助者とみなすという方法がありました。

もっとも、相続人となるべき子が誰も介護に関与しておらず、代わりに被相続人の兄弟が介護を行っていたケースや、被相続人の長男の妻が長男に代わって介護を行っていたところ、長男が被相続人より先に亡くなり長男夫婦に代襲相続人となるべき子がいなかったといったケースでは、被相続人の兄弟や長男の妻は他の相続人の履行補助者とみなし得ず、これらの者による貢献は遺産分割において考慮し得ないという問題がありました。

特別寄与料制度の新設により、上記のようなケースにおいても、子の配偶者が姻族関係終了の届出を行っていない限り同人と被相続人との親族関係は継続するため（民728②）、同人は相続人に対して特別寄与料の請求を行うことができます。

### 2　特別寄与料の請求主体

特別寄与料を請求できるのは、相続開始時点で被相続人と親族関係にある者に限られます（民1050①）。例えば相続人と婚姻していたものの相続開始前に離婚した元配偶者は、被相続人の親族ではないため特別寄与料を請求することはできません（民728①）。

また、被相続人の親族であっても、相続人、相続放棄をした者、相続欠格事由に該当する者及び廃除により相続権を失った者も、特別寄与料の請求主体となることはできません（民1050①）。

## ３　特別寄与料が認められるための要件

### （１）　労務の提供

特別寄与料が認められるためには、「療養看護その他の労務の提供」が行われたことが必要です（民1050①）。

被相続人のための金銭の支出は、特別寄与料の発生根拠とはなりません。

### （２）　無償性

上記労務の提供が無償で行われたことが必要です（民1050①）。

### （３）　特別の寄与該当性

上記労務の提供が特別の寄与に該当することが必要です（民1050①）。

特別の寄与該当性の判断基準については、事例の蓄積を待つ必要がありますが、相続人と異なり特別寄与料請求者は被相続人に対する扶養義務者（民878）とは限らないため、寄与分における特別の寄与該当性とは判断基準が異なってくる可能性があります。

### （４）　遺産の維持又は増加

上記特別の寄与により遺産の維持又は増加という結果が発生していることが必要です（民1050①）。

寄与分の場合と同様、単なる精神的な援助・貢献では特別寄与料の請求は認められないと解されます。

## ４　特別寄与料の請求方法

### （１）　特別寄与料を請求する手続

特別寄与料についても、寄与分と同様、その存否や金額についてはまず寄与者と相続人との協議により定め、協議が調わない場合や協議ができない場合は、家庭裁判所が寄与分を定めることになります。特別寄与料に関する調停・審判の申立ては、寄与者が相続の開始及び相続人を知った時から６か月以内、又は相続の開始から１年以内に行わなければならず、寄与分の主張期間に比べかなり短い期限が設定されていることに注意が必要です（民1050②）。

特別寄与料に関する調停・審判手続については、寄与分に関する調停・審判のように遺産分割調停と併合審理される旨の規定は存在せず、遺産分割に関する事件とは独立して進められることになります。また、寄与者は、遺産分割調停や審判が家庭裁判所に係属していない場合にも、独立して特別寄与料の調停・審判を申し立てることができるものとされています。

相続人が複数いる場合、寄与者の側はどの相続人に対しても特別寄与料の請求を行うことができますが、相続人の側は遺産全体に対する自身の相続分の割合に応じて特別寄与料を負担します（自身の負担割合を超えて支払を行った相続人がいる場合、求償が発生します（民1050⑤）。）。ただし、遺言により相続分を０と指定された（民902）相続人に対しては、寄与者は特別寄与料の請求を行うことはできず、これは当該相続人が遺留分侵害額請求を行っていた場合も同様です（最決令５・10・26民集77・７・1911）。

（２）　特別寄与料の算定

特別寄与料の審判手続において、特別寄与料の有無及び金額は、寄与の時期、方法及び程度、相続財産の額その他一切の事情を考慮して家庭裁判所が定めます（民1050③）。

ただし、特別寄与料の金額は、被相続人が相続開始時に有した財産の価額から遺贈の価額を控除した残額を超えることができません（民1050④）。そのため、遺言によって遺産の全てが特定の相続人又は第三者に遺贈されていた場合、寄与者は特別寄与料の請求を行うことができません。

### 5　本ケースの場合

本ケースの場合、相談者は姻族関係終了の届出を行っていないのであれば、相続開始時点で被相続人と親族関係にありますので、相続人に対して特別寄与料の請求を行うことが可能です。その際、特別寄与料に関する調停・審判の申立ての期間制限に注意を払う必要があります。

## 〔17〕 相続放棄等をした場合の特別寄与料

**Case**

私たち夫婦は、10年間ほどにわたって義父（夫の父）と同居し、認知症が進行した義父の介護を協力して行ってきました。

今年、義父が亡くなり相続が発生しました。夫は、相続人である夫の兄弟たちの中に海外に居住し連絡が取れない人がおり、その人を探し出して遺産分割協議を行うのは面倒だと言って、早々に相続放棄をしてしまいました。他の連絡を取ることのできる兄弟の人たちも皆同じ考えだったようで、全員が相続放棄を行いました。

しかし、私は、私たち夫婦が義父のために行ってきた介護について、このまま何の評価も見返りも受けずに終わることに抵抗があります。そこで、特別寄与料の請求を行いたいと考えているのですが、この場合は誰に対して請求を行えばよいのでしょうか。

### ◆ ポイント ◆

・相続放棄を行った相続人本人は、特別寄与料の請求を行うことはできませんが、当該相続人の配偶者等は、特別寄与料の請求を行うことができると解されます。

・相続放棄を行った相続人は、初めから相続人とならなかったものとして取り扱われるため、当該相続人を相手方として特別寄与料の請求を行うことはできません。

## 解　説

### １　相続放棄を行った側からの特別寄与料の請求

#### （１）　相続放棄を行った相続人本人による請求

民法1050条１項は、被相続人の親族のうち特別寄与料の請求を行うことができない者として、相続人のほか相続放棄をした者、相続欠格事由に該当する者及び廃除により相続権を失った者を定めています。

したがって、相続人が相続放棄により相続人としての地位を失った後も、当該相続人は特別寄与料の請求を行うことはできません。

#### （２）　相続放棄を行った相続人の配偶者等による請求

これに対し、相続放棄を行った相続人の配偶者や子は、相続人が相続放棄を行ったとしても被相続人との関係で親族関係にあることは変わりなく（民725）、かつ民法1050条１項において請求ができない者として列挙されているわけではないため、特別寄与料の請求を行うことができると解されます。

### ２　相続放棄を行った相続人に対する特別寄与料の請求

民法1050条１項は、特別寄与料の請求は相続人に対して行うことができると定めています。

この点、相続人が相続放棄をした場合、その者は初めから相続人とならなかったものとみなされるため（民939）、既に相続放棄を行っている相続人は、上記民法1050条１項が請求の相手方として定めている「相続人」に該当しません。

したがって、相続人が相続放棄により相続人としての地位を失った後は、その者に対する特別寄与料の請求を行うことはできないと解されます。

## ３　本ケースの場合

本ケースの場合、相談者の方は相続放棄を行った相続人に対しては特別寄与料の請求を行うことはできず、連絡を取ることのできない相続人を相手方として請求を行うしかありません。不在者財産管理人の選任申立てを行うことが可能である場合には（民25参照）、申立ても検討すべきであると考えられます。

## ４　相続分の放棄と特別寄与料

### （１）　相続分の放棄について

相続放棄に類似する制度として、相続人による相続分の放棄があります。

相続分の放棄とは、相続人が自身の相続分すなわち積極財産である遺産を相続する権利を放棄することをいい、相続放棄と異なり民法上に明文の規定が存在するものではなく、その方式も適宜の方法で放棄の意思表示を行うことで足ります（相続分の放棄について言及した判例として、東京高決平元・12・22家月42・５・82等）。

### （２）　相続分の放棄をした相続人からの特別寄与料の請求

相続分の放棄は、あくまでも遺産のうちの積極財産についての相続権を放棄する旨の単独行為であって、遺産のうちの消極財産すなわち相続債務については、相続分の放棄を行ったとしても免れることはできません（東京地判平20・１・17（平19（ワ）21129））。よって、相続分の放棄を行った相続人も、相続人としての地位を失うわけではありません。

また、元々相続人として寄与分の主張を行うことができる立場にある以上、相続分の放棄をして寄与分主張の機会を放棄した者に特別寄与料を請求する機会を与える必要性は乏しいと考えられます。

以上を踏まえると、相続分の放棄を行った者は、民法1050条１項が請求を行うことができない者として定める「相続人」に該当し、特別寄与料の請求を行うことはできないと解されます。

（３）　相続分の放棄をした相続人に対する特別寄与料の請求

上記のとおり、相続分の放棄を行った相続人も相続人としての地位を失うわけではないことを踏まえると、同人は民法1050条１項が請求の対象者として定める「相続人」に該当し、同人に対する特別寄与料の請求は可能であると解されます。

相続分の放棄をしても相続債務については免れないという点との兼ね合いでも、相続分に応じて負担するという点で相続債務に近い性質を有する特別寄与料について、相続分の放棄により支払義務を免除する理由は乏しいと考えられます。

## ５　相続分の譲渡と特別寄与料

（１）　相続分の譲渡について

さらに、相続分の放棄と類似する制度として、相続分の譲渡があります。

相続分の譲渡については、相続分の取戻権について定める民法905条が、その前提として相続分の譲渡についても認めた規定であると解されています。

相続分の譲渡は、単独行為で積極財産についての相続権を放棄する効果を有する相続分の放棄とは異なり、譲渡者と譲受人との合意により成立し、積極財産のみならず消極財産も含めた包括的な相続分が譲受人に移転するという効果を有します（最判平13・７・10民集55・５・955）。

（２）　相続分の譲渡をした相続人からの特別寄与料の請求

相続分の譲渡については、相続放棄のように初めから相続人とならなかったものとみなすといった規定は存在しないため、相続分の譲渡をした相続人もなお民法1050条１項が請求を行うことができない者として定める「相続人」に該当すると解釈する余地があります。

また、相続分の譲渡は、譲渡人にとっては自身の包括的な相続分を失わせる行為という点で相続放棄に類似するものであることから、相続放棄を行った者は特別寄与料の請求を行うことができないと定められていることとの均衡という観点からも、特別寄与料の請求を認める理由は乏しいといえます。

（３）　相続分の譲渡をした相続人に対する特別寄与料の請求

上記のとおり、初めから相続人とならなかったものとみなすといった規定がない以上、相続分の譲渡をした相続人も特別寄与料の請求対象者たる「相続人」に該当するとの解釈もあり得ます。

もっとも、相続分の譲渡が譲渡人にとっては相続放棄と類似する効果を有すること、相続分に応じて特別寄与料を負担する旨を定める民法1050条５項との兼ね合いでは譲渡後の相続分に従って負担割合を定めるべきとも考えられることを踏まえると、相続分の譲渡をした相続人に対する特別寄与料の請求は認めるべきでないと考えられます。

## 〔18〕 被相続人と同居していない親族等による特別寄与料の請求

**Case**

私たち夫婦は、義父（夫の父）の住む家から徒歩20分ほどの距離に住んでいます。

義父は、3年ほど前から認知症の症状が現れ、介護が必要になりました。そのため、比較的近所に住む私が週に2、3回ほど義父の家を訪れて介護を行い、それ以外の日は訪問介護業者の方に介護をお願いしている状態です。

今後義父が亡くなり相続が発生した場合、義父と同居していない私が特別寄与料を請求することはできるのでしょうか。

◆ ポイント ◆

・被相続人と同居していない親族も特別寄与料の請求は可能です。
・親族以外の第三者（友人、職業介護人等）は、特別寄与料の請求を行うことはできません。

### 解　説

#### 1　非同居親族による特別寄与料の請求の可否

〔16〕において解説したとおり、民法1050条1項は、特別寄与料の請求者を被相続人の親族と定めた上で、例外的に請求を行うことのできない者を列挙しています。

他方、同項においては、請求を行おうとする者と被相続人との同居の有無については、何ら触れられていません。したがって、被相続人と親族関係にある限り、被相続人と同居していなくとも相続人に対して特別寄与料の請求を行うことができます。

### 2　親族以外の第三者による特別寄与料の請求の可否

民法1050条１項は、特別寄与料の請求者を被相続人の親族と定めているため、親族に該当しない第三者（友人や内縁の配偶者等）については、被相続人に対し介護等の寄与を行っていたとしても特別寄与料の請求を行うことはできません。

ただし、被相続人に相続人がいない場合、このような被相続人への介護を行った第三者は特別縁故者として遺産の分与を受けられる可能性があります（民958の２）。特別縁故者制度についての詳細は〔19〕を参照してください。

### 3　金銭の支出による寄与について

〔16〕においても触れたとおり、特別寄与料の理由となり得るのは労務の提供による特別の寄与に限られており、被相続人の親族が金銭の支出による寄与のみを行っていたとしても、同人は特別寄与料を請求することができません（民1050①）。

もっとも、〔14〕において解説したとおり、当該金銭の支出を行った親族は、委任契約に基づく費用償還請求、不当利得返還請求や事務管理に基づく費用償還請求、あるいは扶養義務者間の求償請求という形で、相続人に対し請求を行う余地があります。

### 4　寄与者の相続人による特別寄与料の請求

特別寄与料は、当事者間の協議又は家庭裁判所の処分によってその存否及び金額が確定するものであるため（民1050②③）、これら協議や処分が行われる以前の時点において特別寄与料の具体的請求権が寄与者に発生しているとは解されません。そのため、これら協議や処分が行われるより前に寄与者が死亡した場合、寄与者の相続人が寄与者の特別寄与料請求権を相続により取得すると解釈することは困難です。

他方、〔10〕において解説したとおり、寄与分については、代襲相続人は被代襲者の寄与も自身の寄与分の理由として主張することが可能です。このような寄与分制度との均衡という観点からは、特別寄与料に関しても、寄与者が亡くなり相続が発生した場合、相続人は寄与者の行為を理由として特別寄与料の請求を行うことができると解釈すべきです。

## ５　数次相続と特別寄与料の請求

### （１）　数次相続について

数次相続とは、被相続人についての相続発生後（一次相続）、当該相続についての遺産分割が未了の間に、相続人についての相続が発生する（二次相続）ことをいいます。

数次相続が発生した場合、二次相続における被相続人の一次相続における相続分は、二次相続における相続人が引き継ぎ、当該相続人は一次相続においても相続人の地位に立つことになります。

### （２）　特別寄与料請求の可否

夫の父親（義父）が亡くなり相続発生後（一次相続）、遺産分割が未了のうちに夫も亡くなり（二次相続）、妻が相続人となったというケースを考えます。

このケースで、妻が義父に対し介護を行っていた場合、夫の存命中に妻が義父の相続人に対して特別寄与料を請求し得ることは、これまで解説してきたとおりです。これに対し、夫が亡くなって以降については、妻は義父の相続人の立場に立つため、民法1050条１項によりもはや特別寄与料の請求を行うことはできないとも考えられます。

この点、妻の特別寄与料についての協議や家庭裁判所の処分がなされるより前に夫が亡くなった場合、妻は一次相続における遺産分割において義父に対する寄与行為を自身の寄与分の理由として主張することができるため、これと並行して特別寄与料の請求まで認める必要はないでしょう。

他方、夫が亡くなるより前に協議又は家庭裁判所の処分によって妻の特別寄与料の金額が決定していた場合、既に妻の特別寄与料請求権は具体的な金銭債権として成立している以上、事後的に相続人の地位に立ったことをもって当該請求権が消滅すると考えることは妥当でなく、妻はなお他の一次相続における相続人に対して特別寄与料の支払を求めることができると解すべきです。

もっとも、この場合、民法1050条５項により、妻が夫から引き継いだ一次相続における相続分に応じた限度で当該特別寄与料の金額は減額されるほか、その後の一次相続に関する遺産分割において、妻は自身の寄与行為を理由として寄与分の主張を行うことはできない（寄与分と特別寄与料の二重取りはできない）と解すべきです。

# 第３　相続人不存在と介護

## 〔19〕　相続人ではない親族の介護に対する遺産分割での優遇（特別縁故者総論）

**Case**

先日、いとこが亡くなりました。いとこは特に遺言は作っていませんでした。いとこは独身で兄弟もいませんでした。私は、身寄りがないいとこのために、いとこの介護をしていたのですが、相続に当たり何か財産を分けてもらえるのでしょうか。

◆　ポイント　◆

- いとこは相続人ではないので遺産分割を受けることができません。
- 特別縁故者として一定程度の相続財産を分けてもらえる可能性はあります。

**解　説**

### 1　法定相続人について

相続人は民法で定められています。配偶者は必ず相続人になります（民890）。配偶者以外の血族については順番が決まっており、第１順位が「子」及びその代襲相続人（民887）、第２順位が「直系尊属」（民889①一）、第３順位が兄弟姉妹及びその代襲相続人として甥姪（民889①二・②）としています。

それ以外の親族は法定相続人ではないので、相続をすることはできません。いとこは相続人には当たらないので、相続をすることはできないのです。

したがって、いとこは遺産分割の当事者とはなれず、遺産の分割を受けることはできません。

## 2　特別縁故者の相続財産分与の申立て

被相続人に相続人が誰もいない場合、相続財産は国庫に帰属します（民959）。

ただ、①被相続人と生計を同じくしていた者、②被相続人の療養看護に努めた者、③①ないし②に準じて「特別の縁故があった」者には、特別縁故者として、その申立てにより一定程度遺産が分与される可能性があります（民958の２）。

これを特別縁故者に対する相続財産分与といいます。

## 3　どのくらい介護をしていたら特別縁故者として認められるか

親族の場合にどの程度の介護をすれば特別縁故者として認められるかについては、例えば東京高裁平成元年８月10日決定（家月42・1・103）は、「通常親族がなし又はなすべき相互扶助の程度を超えて援助、協力」してきたことが必要としています。

そのため、単に風邪などの病気のときに看病をしたとか、入院した際に何度かお見舞いに行ったり入院に必要な身の回りの品を届けてあげたりした程度では特別縁故者とは認められない可能性も高いといえます。

他方で、同居をして献身的に介護をしていたなどの事情まで必要かというとそうではありません。実際の療養看護は病院や老人ホームが行っていたとしても、その周辺部分を行っていれば、療養看護に尽力していたと認められる例もあります。

例えば、大阪高裁平成20年10月24日決定（家月61・6・99）の事案は、被相続人が入所した老人ホームや病院に８年間で39回の面会に行っていたという事案です。面会以外にも葬儀などもしている事案ではありますが、面会に行っていたことも療養看護に尽力したとして、特別縁故者として認められています。39回というと多数のようにも見えますが、８年間で39回ですので、平均すると１年に４～５回程度であり、季節ごとに面会をしていた程度ともいえます。

このことからも、特別縁故者と認められる介護の程度は寄与分が認められる場合のような特別なものである必要はないということがいえます。

## ４　特別縁故者の相続財産分与の申立ての方法

### （１）　相続財産清算人選任の申立て

特別縁故者に対する相続財産分与の請求は、相続財産清算人が選任されていることが前提の手続です。

相続財産清算人が選任されていない場合、特別縁故者は、「利害関係人」として相続財産清算人選任の申立てをすることができます（民952①）。

相続財産清算人が選任される場合、通常、裁判所から予納金を求められます。予納金の金額は、事案の内容に応じて家庭裁判所が決定します。筆者の経験では複数の事案で100万円の予納金を求められています。そのため、ある程度の遺産がある場合でないと、特別縁故者への相続財産分与の申立てのために相続財産清算人選任の申立てをしても費用倒れとなってしまう可能性があります。

### （２）　特別縁故者の相続財産分与の申立て

特別縁故者の相続財産分与の申立ては、特別縁故者が被相続人の最後の住所地の家庭裁判所に対して行います（家事203三）。

申立ての期間は、相続財産清算人が相続人を捜索するための公告をし、公告期間満了後３か月以内です（民958の２②）。

## ５ 特別縁故者か否かの調査

特別縁故者に対する相続財産分与の申立てがされると、相続財産清算人が中心となり、申立人が特別縁故者に当たるかの調査を行います。

申立人は、自身が特別縁故者に当たることを示すために、介護施設の面会簿や手紙、日記、写真など被相続人との交流が分かる資料、介護費用を支出していた場合、領収書や振込の控え、生前の交流についてまとめた陳述書などを用意します。それらの資料を基に相続財産清算人と直接面談し事情を聞かれることもあります。

特別縁故者に対する相続財産の分与の申立てについての審判をする場合には、家庭裁判所は、相続財産清算人の意見を聴かなければならないとされています（家事205）。

裁判所の判断が決まると審判書が送付されます。審判には不服申立てをすることができ（即時抗告）（家事206①）、不服申立期間が満了すると審判は確定します。

特別縁故者への相続財産分与を認めた審判が確定すると、相続財産清算人から申立人（又は代理人弁護士）に送金先の問合せがあり、審判で認められた金額がその口座に送金されます。

## ６ 特別縁故者への相続財産分与に対する税金

特別縁故者が相続財産分与で受領した金銭は、相続税の対象となります。

そのため、相続税の基礎控除額を超える場合には相続税の申告が必要となります。特別縁故者は、「被相続人の一親等の血族」には当たらないため、相続税額は２割加算されます（相税18①）。

## 7　特別縁故者へ分与される金額の決め方

特別縁故者への相続財産分与額も裁判所が決めます。

高松高裁昭和48年12月18日決定（家月26・5・88）は、「被相続人と特別縁故者との縁故関係の厚薄、度合、特別縁故者の年齢、職業等や相続財産の種類、数額、状況、所在など一切の事情を考慮して、右分与すべき財産の種類、数額等を決定すべき」としており、相続財産の全部が分与されるわけではありません。

このように特別縁故者への相続財産分与の金額は、裁判所が様々な事情を考慮して定めるため、特別縁故者に対する相続財産分与の申立ての相談時点で見通しを立てるのは難しいといえます。

## 〔20〕 対価をもらって介護をしていた場合の特別縁故者該当性

**Case** 身寄りのない友人が要介護状態になってしまったので、私がその人の家に通っていろいろと介護をしてあげていました。ただ友人は無料でいろいろとやってもらうのは悪いし頼みづらいからと、私が自宅に行って介護をする度にお小遣いとして1万円を支払ってくれていました。

この度、その友人が亡くなりました。相続人はいませんでした。私のように対価をもらって介護をしていた場合でも、特別縁故者として相続財産分与を受けることは可能でしょうか。

◆ ポイント ◆

・特別縁故者といえるには、原則として対価性がないことが必要です。
・対価をもらっていても特別縁故者として認められる事例もあるので、最初から諦めずに申立てを試みてもよいでしょう。

### 解 説

#### 1 原則として対価を受け取っていないことが必要

「被相続人の療養看護に努めた者」(民958の2)として特別縁故者として認められるには、原則として療養看護に対して対価を得ていないことが必要となります。

この点、職業として看護をしている者について特別縁故者に当たるかが争われた審判においても「付添婦、看護婦などとして正当な報酬を得て稼働していた者は特別の事情がない限りは民法958条の３にいう被相続人の療養看護に努めた者とはいえず、したがって、原則としては特別縁故者とは認められない」としており、特別縁故者と認めてもらうには原則として報酬を得ていないことが要件として挙げられています（神戸家審昭51・４・24判時822・17）。

## ２　対価を受領しても特別な事情がある場合には特別縁故者に当たる

ただ、上記審判例では「対価としての報酬以上に献身的に被相続人の看護に尽くした場合には特別の事情がある場合に該当し、例外的に特別縁故者に該当すべき」と、受領していた報酬以上に献身的に尽くしていれば例外的に特別縁故者に当たると判示しています。その上で、「２年以上もの間連日誠心誠意被相続人の看護に努め、その看護ぶり、看護態度および申立人の報酬額からみて、対価として得ていた報酬以上に被相続人の看護に尽力したものであるといえる」と認定し、対価を受領していた介護従事者であっても特別縁故者であることを認めています。

このように対価を得て介護をしていたとしても、特別縁故者として認められている例はあります。

特別縁故者が誰もいなければ相続財産は国庫に帰属してしまいます（民959）。対価をもらっていたとしても対価以上に介護をしていたと考えるのであれば、最初から特別縁故者に対する相続財産分与の申立てを諦めるのではなく、申立てを試みてもよいでしょう。

## ３　審判例で行っていた介護の程度

参考までに上記審判例ではどの程度介護を行っていたかを紹介します。

本審判例では介護の内容として認定された事実は以下のとおりです。

・当時被相続人は老衰のため独りではトイレへも行けない状態で、夜間の看護を必要としたため、被相続人宅に住み込み、被相続人と同室に寝泊りしていた。

・被相続人に食事を与え（固い食物はかみくだいて食べさせた）、薬を飲ませ、大小便の世話をし、新聞、郵便物、雑誌等を読み聞かせ、さらに、毎日風呂代わりに被相続人の身体を拭いてあげていた。被相続人に求められて添い寝したこともあった。

・午前4時頃に被相続人に起こされ、夜中は尿の世話などをするため夜間8回から10回も起こされる状態であった。

・自宅には週に1回、僅か2時間位しか帰ることができなかった。また休暇も一度も取らなかった。

以上のような介護を月額4～5万円の給料で行っていたというケースで、「対価としての報酬以上に献身的に被相続人の看護に尽くした」と認定されています。

本審判例で申立人（特別縁故を主張する者）が介護をしていた時期は、昭和41年から43年までの間です。ちなみに昭和43年の大卒初任給は約3万円だったようです（参照：賃金構造基本統計調査報告（昭和43年））。

「対価としての報酬以上に献身的に被相続人の看護に尽くした」と認められたという本審判例のケースでは、上記のような介護を大卒初任給の1.6倍程度の給与で行っていたということは、一つの基準になるでしょう。

## 〔21〕 介護施設の特別縁故者該当性

**Case** 介護施設に入居していた身寄りのない入居者が亡くなりました。その入居者は、生前から「身寄りがないので、私が亡くなったら私の財産は施設のために役立ててほしい」と言っていました。しかし、その方は特に遺言を作らないまま亡くなってしまいました。

介護施設が特別縁故者として相続財産分与を受けることは可能でしょうか。

◆ ポイント ◆

・介護施設が特別縁故者として認められた事例はあるので試みてもよいでしょう。

### 解　説

#### 1　審判例

那覇家裁石垣支部平成２年５月30日審判（家月42・11・61）は、法人格を有しない県立の養護老人ホーム及び特別養護老人ホームを特別縁故者と認めています。

事例としては、14年間老人ホームに入居した方が、入居期間のうち８年間くらいは衰弱が激しく、歩行、入浴、排便について介助が必要となり、職員がその世話をしていたというものになります。入居者の死亡後も職員が葬儀を行い、遺骨も老人ホームの納骨堂に安置され、その後の供養も行われています。

このような事例で裁判所は、「身寄りのない被相続人としては、その機会があれば、世話を受けた申立人に対し、贈与もしくは遺贈をしたであろうと推認され」るとして、特別縁故があると認めました。

### 2　諦めずに試みることも重要

このように過去の審判例では、老人ホームも特別縁故者として認められた例があります。

介護の程度や死後の供養の有無などにより事情は異なってきますが、本ケースでは被相続人は生前に「私が亡くなったら私の財産は施設のために役立ててほしい」と言っていたということですので、相続財産全てを国庫に帰属させるよりは、一定程度介護施設が財産の分与を受け役立てる方が、被相続人の意思にも合致するように思えます。特別縁故者が誰もいなければ、相続財産は国庫に帰属してしまうだけです（民959）。諦めず、特別縁故者の相続財産分与の申立てを試みてもよいでしょう。

## 〔22〕 相続人不存在時の介護費用

**Case**　当方は介護施設を経営しています。この度、介護施設に入っていた入居者が亡くなりました。遺族に介護施設費用を請求しようと思いましたが、遺族はめぼしい財産がないからと全員相続放棄をしてしまい、どなたも未払介護費用を支払ってくれませんでした。

元入居者には若干の預金があることは把握しており、そこから未払介護施設費用を回収をしたいのですが、どのようにすれば回収ができるのでしょうか。

◆ ポイント ◆

・相続財産清算人の選任を申し立てるという方法のほかに特別代理人を選任して、特別代理人に対して訴訟提起をするという方法もあります。

### 解　説

#### 1　相続人の不存在

相続人が相続放棄をすると、初めから相続人にならなかったものとみなされます（民939）。そのため、最初から故人に相続人が誰もいなかった場合だけでなく、相続人が全員相続放棄をしてしまい相続人が誰もいなくなった場合も相続人は存在しないことになります。

#### 2　相続財産清算人の選任申立て

相続人がいない場合、故人の預金を引き出してもらおうにもその手続をする人がいません。

そのような場合、債権者は、相続財産清算人の選任を申し立て、裁判所から選任された相続財産清算人に対して債権の催促をして支払ってもらうことになります。

ただ、相続財産清算人の選任には公告手続などの時間もかかりますし、〔19〕でも述べたとおりある程度高額な予納金も必要となります。

未払介護費用を請求するために相続財産清算人の選任のための予納金を立て替えると、預金残高によっては費用倒れになってしまう可能性もあります。

### 3　特別代理人選任の申立てをしての訴訟、強制執行

そのような場合、相続人が誰もいないことを理由に特別代理人を選任してもらい、特別代理人相手に訴訟提起や強制執行申立てをすることができます（大審決昭５・６・28民集９・９・640、大審決昭６・12・９民集10・12・1197）。

民法951条により相続人のあることが明らかでないときは、相続財産は相続財産法人となります。そして、相続財産法人の代表者となる相続財産清算人が選任されていない場合、民事訴訟法37条・35条により、代表者のない法人たる相続財産に対し訴訟行為をしようとする者は受訴裁判所の裁判長に対し特別代理人の選任を申請することができます。そして、勝訴判決を得られれば預金に対して強制執行をすることができます。なお、強制執行手続でも送達の受領のために特別代理人選任を申し立てる必要はあります。

### 4　両者を比較して方法を決める

特別代理人を選任した方が相続財産清算人選任よりも費用も時間が少ない可能性もあります。相続財産清算人や特別代理人の費用については、地域によっても異なります。

弁護士に相談し、債権回収にかかる費用や期間を見積もってもらい、適切な方法をとるとよいでしょう。

# 第4　介護と成年後見

## 〔23〕 介護をしている親族による成年後見申立て

**Case**

私は、3年前から認知症を患う父を自宅で介護していますが、次第に症状が進行し介護の負担が重くなってきたことから、訪問介護サービスを依頼するとともに、より自宅介護がしやすくなるよう父名義の自宅をリフォームすることを考えています。

これらの介護費用やリフォーム費用を父名義の預金から支出したいのですが、父は既に契約や銀行での手続ができる状態にありません。今後遺産分割になった場合等に親族間で無用な争いにならないような解決方法はあるのでしょうか。

◆ ポイント ◆

・介護者本人を成年後見人候補者として後見開始の申立てを行い、成年後見人に選任されれば、成年被後見人の財産の管理を行うことができるようになります。

**解　説**

### 1　成年後見制度について

#### （1）　法定後見制度

民法は、判断能力が不十分となった成人を保護するために、その者の判断能力の程度に応じて、成年後見人（民7以下）、保佐人（民11以下）

及び補助人（民15以下）の制度を設けています。

このうち、精神上の障害により事理を弁識する能力を欠く常況にある者に付されるのが成年後見人であり（民７）、成年後見人は、一定の場合を除いて、成年被後見人の財産全般について、これを管理し成年被後見人に代理して法律行為を行う権限を有します（民859①）。

成年後見人は、成年被後見人本人やその配偶者、四親等内の親族等の申立てにより、家庭裁判所が後見開始の審判及び成年後見人選任の審判を行うことによって選任されます（民７・843①）。

（２）　任意後見制度

上記民法の定めに基づき選任される成年後見人に対し、任意後見人とは、本人と任意後見受任者との間であらかじめ締結された任意後見契約に基づいて本人の後見事務を行う後見人をいいます（任意後見２）。

民法に基づく成年後見人が、成年被後見人の事理弁識能力が欠如した後に申立て・選任が行われるものであるのに対し、任意後見人は、被後見人の事理弁識能力が欠如する前に同人と受任者との間で任意後見契約を締結することにより選任されるという点に違いがあります。また、両者の権限の違いとして、後述するとおり成年後見人は成年被後見人の財産管理に関する包括的な代理権と取消権を有するのに対し、任意後見人は任意後見契約で定められた範囲の代理権しか有さず（任意後見２一）、また被後見人が行った法律行為に関する取消権を有さないという違いがあります。

任意後見契約は、公正証書により行わなければならず（任意後見３）、契約締結後に公証役場からの届出により登記がなされます（任意後見４①・10①、「成年後見登記申請について」（東京法務局HP参照））。その後、本人が事理弁識能力を欠く状況となった後に、本人等の申立てにより家庭裁判所が任意後見監督人を選任することにより、受任者が任意後見人としての職務を開始することになります（任意後見４・２四）。

## ２　成年後見人の選任手続

### （１）　後見開始審判の申立て

成年後見人を付すためには、成年被後見人本人やその配偶者、四親等内の親族等の申立権者が（民７）、本人の住所地を管轄する家庭裁判所に後見開始審判の申立てを行う必要があります（家事117①）。

上記申立てを受けた家庭裁判所は、審理を行った上で、後見開始の審判を行う場合には職権で成年後見人を選任します（民843①）。

このように、成年後見人の選任手続は成年被後見人本人等の申立てにより開始されるものの、一たび手続が開始された後は裁判所が職権により判断を行うため、後見開始の申立ては裁判所の許可がなければ取下げをすることができないものとされています（家事121一）。

### （２）　成年被後見人に関する審査

後見開始の申立てを受けた家庭裁判所は、申立てにおいて成年被後見人となるべき者とされている本人について、精神上の障害により事理を弁識する能力を欠く常況にある（民７）かどうかの審査を行います。

「精神上の障害により事理を弁識する能力を欠く常況にある」とは、認知症・知的障害・精神障害等、身体上の障害を除く何らかの精神的障害により、法律行為の利害得失（自身にとって有利か不利か）に関する判断能力を欠く状態が、大部分の時間において継続していることを意味します（坂野征四郎『書式　成年後見の実務［第三版］』21頁（民事法研究会、2019））。

上記審査に当たっては、本人の陳述聴取のほか（家事120①一）、明らかにその必要がない場合を除いて鑑定手続が実施されます（家事119①、東京高決令５・11・24判時2598・32）。

（３）　成年後見人に関する審査

前述のとおり、成年後見人は後見開始の審判がなされる場合に家庭裁判所が職権で選任を行いますが、申立人は申立てに当たって成年後見人の候補者を掲げることが可能であり、その場合には当該候補者の成年後見人としての適格性についても審査がなされます。

未成年者や成年被後見人に対して訴訟をした者等は、成年後見人に選任されることができません（民847）。

成年後見人の選任に当たっては、成年被後見人の心身の状態や生活状況・財産状況のほか、成年後見人となる者の職業・経歴・成年被後見人との利害関係の有無等、一切の事情が考慮されます（民843④）。

本人に法律上又は生活面での課題がある場合や、本人の財産管理が複雑困難な場合等には、申立人が掲げた成年後見人候補者ではなく、弁護士や社会福祉士等の専門職が成年後見人として選任される場合もあります（最高裁判所「成年後見制度－利用をお考えのあなたへ－」（令和４年10月）10頁）。

また、家庭裁判所は、必要があると認めるときは、複数の成年後見人を選任したり（民859の２①）、成年後見人を監督する成年後見監督人を選任することができます（民849）。

（４）　審判に対する不服申立て

後見開始の審判又は後見開始の申立てを却下する審判に対しては、即時抗告を申し立てることができます（家事123①一・二）。

これに対し、成年後見人選任の審判に対しては、即時抗告等の不服申立てを認める規定は存在せず、成年被後見人本人や申立人その他の利害関係人は、意に反する成年後見人が選任されたとしても不服申立てを行うことができません（前掲「成年後見制度－利用をお考えのあなたへ－」10頁）。

## ３　成年後見人の権限及び職務

### （１）　成年後見人の権限

成年後見人は、成年被後見人の財産を包括的に管理し、かつ、その財産に関して成年被後見人を代理して法律行為を行う権限を有します（民859①）。他方、婚姻や離婚・認知等の身分行為については、成年後見人に代理権はありません。

また、成年被後見人の行為を目的とする債務を負担する場合には成年被後見人本人の同意（民859②・824）、成年被後見人の居住用不動産に売却・賃貸・抵当権設定等の処分をする場合には家庭裁判所の許可（民859の３）が必要であるほか、成年被後見人と成年後見人の利害が相反する場合であって成年後見監督人が選任されていない場合には、特別代理人の選任が必要になります（民860・826）。特別代理人についての詳細は、〔25〕を参照してください。

その他、成年後見人は、日用品の購入その他日常生活に関する行為を除いて、成年被後見人が行った法律行為を取り消す権限を有します（民９）。

### （２）　成年後見人の職務

成年後見人は、成年被後見人の意思を尊重し、かつ、その心身の状態及び生活の状況に配慮して、成年被後見人の生活・療養看護及び財産管理に関する事務を行う必要があります（民858）。

このうち、成年被後見人の生活や療養看護に関する事務とは、生活維持や介護・医療等に関する必要な契約締結や費用の支払等を指し、成年後見人自ら成年被後見人の介護を行うことは職務には含まれません。

また、財産管理に関する事務には、日々の収支の管理のほか、財産目録及び収支予定の作成業務があります（民861①）。

これら成年後見人の事務については、家庭裁判所から状況の報告を求められた場合にはそれに応じる必要があり（民863①）、実務上は一般的に１年に１回状況の報告が求められています（前掲「成年後見制度－利用をお考えのあなたへ－」13頁）。

## ４　本ケースの場合

本ケースの場合、相談者の方が自身を成年後見人候補者として後見開始の申立てを行い、成年後見人に選任されれば、お父様の意思に明確に反しているといった事情がない限り、生活・療養看護に関する事務の一環としてお父様名義の預金から介護費用やリフォーム費用の支出を行うことができると考えられます。

## 〔24〕 成年後見人としての遺産分割への対応

**Case**

私は、５年前から認知症が悪化した父の介護をしており、先日後見開始を申し立て、成年後見人にも選任されました。

今年、叔父（父の弟）が亡くなり、相続が発生しました。叔父には配偶者や子供がおらず、父と叔父の両親も既に他界しているため、父と伯父（父の兄）が相続人となります。

叔父は、生前事業を経営しており、相応の資産を保有していた一方で、事業のための借入れもあったと聞いています。また、叔父は、父や伯父のことを気にかけており、以前父が病気のため働けなくなった時には生活費の援助をしてくれたこともあったようです。

今後、叔父の相続や遺産分割に当たって、私が注意すべきことはどのようなことでしょうか。

◆　ポイント　◆

・成年被後見人が相続人となる相続が発生した場合、成年後見人は、後見事務の一環として、相続財産の調査等を行った上で、相続を承認するか否かの判断及び遺産分割等への対応を行う必要があります。

### 解　説

#### 1　相続財産及び遺言の有無の調査

相続人は、原則として相続開始後３か月間の熟慮期間内に相続を承認するか否かの判断をしなければならず（民915①）、当該判断に当たっては相続財産の調査を行うことができます（民915②）。また、相続人は、被相続人が作成した自筆証書遺言を発見した場合には、家庭裁判所に対して当該遺言書の検認を請求しなければなりません（民1004①）。

成年被後見人が相続人となる相続が発生した場合、上記のような調査・判断は、成年被後見人の財産管理に関する事務の一環として、成年後見人が対応する必要があります。

## ２　相続放棄又は限定承認を行うべき場合

上記調査の結果、遺言書が発見されず、かつ相続財産のうち消極財産（相続債務）が積極財産の金額を上回る場合やその可能性が高い場合、成年後見人としては、成年被後見人が相続債務を承継することにより同人の資産が減少することを避けるため、相続放棄（民938以下）又は限定承認（民922以下）を行う必要があります。

また、仮に相続開始後３か月間の熟慮期間内に相続財産の調査が完了しないおそれがある場合には、家庭裁判所に対して期間伸長の請求を行うことも検討すべきです（民915①ただし書）。

## ３　単純承認を行った場合のその後の対応

これに対し、相続財産のうち積極財産が消極財産を上回る場合には、成年後見人は相続を単純承認した上で（民920）、その後の遺産分割についても対応を行うことになります。

もっとも、遺産分割協議に当たっての他の相続人への連絡や遺産分割調停等の申立てにも費用を要する一方で、法律上遺産分割には期限が定められていないため（ただし、〔15〕で解説したとおり、寄与分の主張には期限が定められています。）、例えば成年被後見人が比較的潤沢な資産を有しており、かつ相続財産の中に成年被後見人が取得する必要性の高いものが特にない場合には、あえて上記費用を支出してまで成年後見人の側から積極的に遺産分割の手続を進める必要はないといえます。

これに対し、成年被後見人の財産状況が逼迫しており生活費等の確保のため早期に遺産を受領する必要性が高い場合や、遺産の中に成年被後見人が取得する必要性の高いものが存在する場合（例えば、被相続人名義の不動産に成年被後見人が居住しているような場合）、成年後見人の側から早期かつ主体的に遺産分割の手続を進めるべきであるといえます。

また、特に後者の場合には、成年被後見人の生活状況等に配慮するという観点から（民858）、財産状況が逼迫しているのであれば遺産のうち現預金の取得を希望する、被相続人名義の不動産に居住しているのであれば当該不動産の取得を希望するといった形で、遺産分割の方法についても成年被後見人の利益を最大化することを考慮する必要があります。

さらに、同じく成年被後見人の利益を最大化するという観点から、成年被後見人に寄与分（民904の２）が認められる可能性がある場合には当該主張を行い、また成年被後見人に対する特別受益（民903）の主張が他の相続人からなされた場合には、持戻し免除の意思表示（民903③）があったとの主張ができないかを検討するなどして、できる限り特別受益が認められないよう努めるべきです。

## ４　遺言が作成されていた場合のその後の対応

被相続人が遺言を作成していた場合、前述のとおり、当該遺言が自筆証書遺言によってなされており、かつ当該遺言書を成年後見人が発見した場合には、家庭裁判所に検認の請求を行う必要があります（民1004①）。

その後は、基本的に遺言の内容に従うことになりますが、仮に遺言の内容が成年被後見人の遺留分を侵害するような内容であった場合には、やはり成年被後見人の利益を最大化するという観点から、他の相続人に対して遺留分侵害額請求を行うべきです（民1046以下）。

## 〔25〕 遺産分割における特別代理人の選任

**Case**

私は、三人兄弟のうちの三男です。

私の二番目の兄（次兄）は、10年以上前に妻に先立たれ、子供は海外に住んでいるためしばらく一人暮らしをしていたのですが、５年ほど前に認知症を患ったため、私は次兄の介護をするようになり、いろいろな便を図るため、同時に後見開始を申し立て次兄の成年後見人に選任されました。

今年に入り、私の一番目の兄（長兄）が亡くなりました。長兄は生涯独身で私たちの両親も既に亡くなっているため、私と次兄が長兄の相続人となります。

今後、遺産分割を行うに当たって、注意すべきことはありますでしょうか。

### ◆ ポイント ◆

・成年後見人と成年被後見人が共に相続人の立場で遺産分割協議を行う場合など、成年後見人が成年被後見人と利益が相反する行為を行おうとする場合には、原則として特別代理人を選任する必要があります。

### 解　説

#### 1　特別代理人について

成年後見人は、後見事務として自身と成年被後見人の利益が相反する行為を行おうとする場合には、成年後見監督人が選任されている場合を除き、家庭裁判所に対し成年被後見人の特別代理人を選任することを請求しなければなりません（民860・826）。

利益が相反する行為とは、当事者の一方に利益が生じ他方に不利益が生じる行為のことをいい、当事者の動機や意図とは関係なく、当該行為を外形的・客観的に見て判断されます（最判昭42・４・18民集21・３・671）。

## ２　遺産分割の場面における利益相反行為の具体例

後見人が遺産分割に関与する場面において、利益相反行為とみなされる行為の例としては、複数の被後見人に同一の後見人が選任されている場合における遺産分割協議や（親権者と子の事例として、最判昭48・４・24判時704・50）、被後見人と後見人が共に相続人の立場に立つ場合の遺産分割協議（同じく親権者と子の事例として、東京高判昭55・10・29判時987・49）があります。

また、被後見人と後見人が共に相続人の立場に立つ場合において、被後見人を代理して行う相続放棄は、後見人が相続を承認しているケースや承認・放棄いずれもいまだしていないケースでは、後見人の相続分を増加させる効果を有するため、利益相反行為に該当します。他方、同じ場合における相続放棄で、後見人が被後見人に先立ち相続放棄を行っているケースや被後見人と同時に相続放棄を行うケースでは、後見人の相続分を増加させる効果は生じず、利益相反行為とはみなされません（最判昭53・２・24民集32・１・98）。

## ３　利益相反行為の効果

後見人が、特別代理人を選任せずに被後見人を代理して利益相反行為を行った場合、当該行為は民法上の無権代理行為に該当し、被後見人が追認しない限り無効となります（民113①、親権者と子の事例として、最判昭45・５・22民集24・５・402）。

## 4　特別代理人選任の手続

特別代理人は、後見開始の審判をした家庭裁判所に対し（家事117②）、特別代理人選任の審判が申し立てられることにより選任されます（家事別表第１⑫）。

実務上は、成年後見人のほか、利害関係人（成年被後見人の親族等）も申立人となることができ、また申立てに当たっては、特別代理人の候補者を掲げる運用となっています。

# 第5　介護と遺言

## 〔26〕　介護の労に報いてもらうための方法

**Case**

父が所有する家で同居し、長男である私や私の妻が父の介護をしています。介護といっても軽度の認知症なので排せつや風呂などは自身で行っていますが、それでも怒りっぽくなり、わがままを聞いてあげないとすぐに怒鳴り散らして、私も妻も参っています。

弟妹はいますが、私だけが父親の面倒を見ており介護の費用も私だけが負担しています。単に同居して親の面倒を見ていただけでは寄与分が認められない可能性も高いと聞いており、私だけがしている介護の苦労が報われる方法は何かないでしょうか。

◆　ポイント　◆

・遺言を書いてもらい相談者の相続する財産を多くしてもらうほか、生前贈与や死因贈与契約などを提案して、介護の苦労に報いる方法をあらかじめとってもらえないか検討してもらうとよいでしょう。

### 解　説

#### 1　通常の介護は寄与分として認められない可能性が高い

〔1〕で解説をしたとおり、寄与分は特別の寄与＝通常期待される程

度を超える貢献である必要があります。また、親が所有する自宅で同居している場合、子は賃料の負担なく居住をしているため、期待される貢献の程度は高くなります。

そのため、軽度の認知症の親の食事などをサポートしていた程度では寄与分は認められない可能性は高いです。

## 2　不公平は事前に解消してもらうことが重要

寄与分が認められない場合、父親が亡くなった後の遺産分割では、同居して介護をしていた長男の苦労が報われないことになります。

そのため、介護の苦労に報いてほしいという場合には、父親に生前から準備をしてもらうことが重要です。

一番端的なのは遺言を書いてもらうという方法です。介護をしている分、他の弟妹よりも相続分を多くしてもらうような遺言を書いてもらえないか父親に打診してみるとよいでしょう。

ただ、遺言の場合、何度でも書き直せますので、将来的に父親が気が変わって遺言を書き直してしまう可能性もあります。

そのような事態に備えるのであれば、自宅や介護に報いるだけの金銭を生前贈与してもらえないか、自宅について死因贈与契約を締結し、所有権移転の仮登記を設定できないかなども検討してもらうとよいでしょう。

## 3　父親の側は要注意

本解説は、相続において介護の苦労にどう報いてもらうかという介護する側の視点で解説をしています。

介護をしてもらう側の視点では、また異なる注意が必要です。この点については〔60〕及び〔61〕をご参照ください。

コラム

○介護の労に報いてもらいたいという相談に対する回答

介護をしている親族からの、相続の際に介護の苦労をしている分他の相続人より多く遺産をもらえるようにしたいという相談は、頻出の相談です。

そのような際、筆者は、本ケースの回答のように親に遺言や生前贈与などを検討してほしいと提案するように回答しています。

ただ、相談者の中には親に遺言の話をすると「縁起でもない」などと言われるのでそのような提案はできないとか、既に遺言を書いてほしい旨提案をしたが「兄弟はみんな平等だ」と言われて断られてしまったということを仰る方もいます。

そのような場合、介護の苦労に報いてほしいのに、報いてもらえないのであれば介護をしなければよいという回答をしています。当然、保護責任者遺棄に当たるようなことはしてはならないですが、保護責任者遺棄にならないようなことであれば、自分だけが介護の負担を負う必要などありません。

また親と同居しているので介護をしたくなくてもせざるを得ないと言われることもあります。そのような場合、同居していると介護せざるを得ないというのであれば家を出て行ってしまえばよいではないですかと回答しています。

上記のような回答をすると、「親なのだから面倒を見ないなんてありえない」とか「子供の学校もあるし引っ越しはしたくないから今更家は出られない」などと反論されることもあります。そのような場合、親が大切だから介護をしたいという気持ちで介護しているのであれば、報いてもらいたいと思わなくてよいのではないか、親と同居を続けるというメリットと親を介護しなければならないというデメリットと比べて、同居のメリットを選んでいるのだから、介護をしている点について格別に報われようと思うものではないと回答しています。

親の介護はできる範囲でやればよいのであり、できる範囲は人それぞれです。私はこれ以上親の介護はできないと思えば必要以上に献身的に介護なんてしなくてもよいのでしょうし、親が大切だからできる限りのことをやりたいというのであれば、親が介護の労に報いてくれるかどうかは度外視して、やりたい介護をやるしかないのではないかと思います。

## 〔27〕 認知症の老親による遺言の効力

**Case**　父が認知症になり長男である私が父を自宅に引き取り介護しています。父の介護は大変ですが、弟や妹は全く介護には協力してくれず、介護にかかる費用も私だけが負担しています。遺産分割の際に揉めないように、父に遺言を書いてもらいたいのですが、父はすでに認知症と診断されてしまっています。認知症の父はもう遺言は作れないでしょうか。

◆　ポイント　◆

・行為能力と遺言能力は別物です。
・認知症だからといって遺言を作れなくなるわけではありません。認知症と診断された後に作成した遺言でも有効と判断されるケースもあります。
・将来、遺言能力の有無を争われてもよいような対策をしておいた方がよいです。

### 解　説

#### 1　遺言能力と行為能力

契約などの法律行為を、単独に確定的に有効に行うには行為能力が必要です。行為能力は成人になると認められるので、18歳から行為能力があります（民4）。

これに対して、遺言については、遺言内容やその法律効果を理解・判断するために必要な意思能力（遺言能力）があればよいとされており、満15歳に達した者は遺言をすることができるとされています

（民961）。18歳未満であり行為能力が認められない15歳から17歳までの人も遺言能力はあるとされていることから分かるとおり、行為能力と遺言能力は別物であり、行為能力がない人でも遺言能力はあるという事態が生じることは民法があらかじめ想定しています。

このように行為能力よりも遺言能力の方が広く認められるのは、遺言は人の最終意思ですので、できる限り遺言者の最終意思を尊重し実現できるようにとの趣旨と考えられています。

行為能力と遺言能力は別物ですので、認知症により行為能力がなくなっていても遺言能力はあると判断されることもあります。

### ２　遺言能力の判断要素

遺言能力の有無は、病気や精神状態だけでなく、「遺言の内容、遺言者の年齢、病状を含む心身の状況及び健康状態とその推移、発病時と遺言時との時間的関係、遺言時と死亡時との時間的間隔、遺言時とその前後の言動及び精神状態、日頃の遺言についての意向、遺言者と受遺者との関係、前の遺言の有無、前の遺言を変更する動機・事情の有無等遺言者の状況を総合的に見て」、判断されます（東京地判平16・7・7判タ1185・291）。

### ３　将来的に遺言能力を争われないための備え

遺言作成時に認知症になっていたような場合、介護をしていなかった相続人から、認知症状態で書いた遺言など無効だと争われる可能性もあります。そのような事態に備えて、既に認知症になっている状態で遺言を作成するという場合、遺言の有効性を争われないような備えをしておいた方がよいでしょう。

一般論でいえば、公証役場で作成する公正証書遺言（民969）は、公証人や証人など複数の者が遺言の作成に関与するため、遺言能力の有無が適切に判断されやすく、無効になりにくいといえます（注：公正証書遺言であっても遺言能力が否定され遺言が無効になるケースはあります。詳細は〔45〕をご参照ください。）。そのため、可能であれば公正証書遺言を作成してもらった方がよいでしょう。

また、先に挙げた遺言能力の判断要素からすると、遺言内容は簡潔な方が遺言能力は肯定されやすく、遺言者を介護している相続人に多く相続させるような遺言は遺言作成の動機があるとして遺言能力が肯定されやすいといえます。そのため、遺言内容としてはシンプルな内容にしておいた方が将来的に無効になりにくいといえます。

認知症がある程度進んでいるという場合、公正証書遺言であっても事前に医師の診断を受けておき遺言を残す程度の判断能力はある点について診断書をもらっておく、自筆証書遺言であれば遺言作成時のやり取りを動画撮影しておくなどの工夫をしてもよいかと思います。

# 第6　介護をしていない親族への対応

## 〔28〕 使い込みを疑われている場合の対応

**Case**　一人暮らしをしている母が、軽度の認知症になってしまいました。同じ女性だし、仕事もしていないのだからと私が母の面倒を見るように言われて、私だけが母の面倒をみていて兄や弟は全く母の面倒を見ません。

兄は母の面倒を見ていないのに、母のお金を私が使い込むことがないように母の預金通帳は全て開示して、使途は全て出納帳を付けて出せと要求してきました。試しに1か月分を出しましたが、兄は細かなところまで指摘してきて困り果てています。せっかくよかれと思って介護をしているのに、何もしない親族からそのように細かな指摘までされたのでは、たまったものではありません。

出納帳を付けて出せとか、使途を説明しろという要求に従う必要はあるのでしょうか。

◆　ポイント　◆

・他人のお金なので使途を明確にしておくということは重要です。また遺産分割で無用な争いを避けるためにも有用です。
・使途を明確にしておくということとそれを親族に説明しなければならないかということは別問題ですので、母の預金通帳を開示したり資金使途を全て開示したりする必要はありません。

## 解　説

### 1　他人の金の管理

母親の財産管理を任されているということは、母親とは委任契約なり準委任契約が締結されているということになります。そのため、資金使途などは母親に対しては報告義務（民645）があります。

家族といえども他人のお金ですし、使途が不明確だと後々トラブルになることも予想されます。そのため、使途は明確にしておいた方がよいでしょう。

### 2　他の兄弟への報告義務はない

財産管理の報告義務は、管理をしている母親との関係の義務であり、他の親族に対する義務ではありません。

母親から他の兄弟にも資金使途を報告するように言われているというのであればともかく、兄などから資金使途を示せと言われても報告する義務はありません。

本ケースのような相談は多くあると思われますが、その場合は、兄に「母親の面倒を見ないのであれば、細かな指摘をしてこないでほしい。もし細かな点が気になるのであれば、自分が母親の介護をすればよいのであり、私はもう介護をしない。」と伝えることも有用と考えます。

### 3　成年後見の申立てをされる可能性

他の親族が、親の財産を管理している親族の管理に不満を持っている場合、成年後見申立てをしてくる可能性はあります（〔33〕参照）。第三者が成年後見人に就任してもよいと考えているのであれば、特に気にする必要はないですが、もし第三者が成年後見人に就くと、いろいろと面倒だから避けたいということであれば、ある程度他の親族の要望も聞きながら対応をとる必要があります。

## 〔29〕 何もせず意見だけを言ってくる親族への対応

**Case**

父が介護施設に入りましたが、近くに住んでいる私が面会に行ったり、必要な物の買い出しや差し入れもしています。また、お金の管理も私がしています。

何もしていない兄がたまに面会をしにきては、施設の対応に文句を言い、私に対して、施設とこう交渉しろとか、もっと違う施設を探せないのかと指示してきます。

面倒も見ず金も出さないのに、口だけを出してくる兄弟に対してどのように対応すればよいでしょうか。

◆ ポイント ◆

- 法的には対応をすることはできませんので、距離を置くのがよいでしょう。
- 介護施設の身元引受人になっているのであれば、面会を制限するなどの方法の検討も必要です。
- このような兄弟は遺産分割協議においても管理していた資金使途が不明だなどと細かく指摘してくることが予想されるので、資金使途を明確にしておくことを心がけてください。

### 解　説

#### 1　何もしないのに口だけ出さないでほしいと伝える

本ケースのような相談も、頻出の相談です。

このような相談を受けた場合、「何もしていないのに口だけ出すのはやめてほしい。もし、自分の好きにしたいのであれば、兄の近くの施設を探してそちらに父に移転してもらい、以後は兄が父の面倒を見てください。」と伝えてみてくださいと回答しています。

それでも、何もしないのに口だけ出し続けるという人はいます。それを法的に口を出すなとはいえません。法的には何も解決策はありません。

もし、話合いで何とか解決しようと思うのであれば、親族間係調整調停などを利用して、介護の仕方について協議をするという方法もあります。ただ、そのような気質の方は、どのような協議をしても文句を言い続けるので、距離を置くというのが正解でしょう。

### ２　面会の制限

もし、相談者が介護施設の身元引受人になっているのであれば、介護施設と相談して、兄の面会を断ってもらうという方法をとれないか検討してもよいでしょう。父と兄が会えない事態にはなってしまいますが、文句があれば自分でやってほしいと言っても何もしないで文句だけ言い続ける方が介護施設に来て文句を言い続けるということを避けるためには、そのような対応もやむを得ないといえるでしょう。

### ３　資金使途の明確化

このような親族でかつ面会の制限をした場合、遺産分割協議は激化するケースが多いです。相談者が管理していたお金について使い込んだなどと主張されることも想定して、資金使途は明確にしておいた方がよいでしょう。

コラム

○口の出しすぎは囲い込みのきっかけになることも

介護施設の身元引受人になっている兄弟が他の兄弟の面会を制限しており、施設に入っている親と会えなくなってしまったという、いわゆる囲い込みの相談を受けることがあります。中には、介護施設の身元引受人になっている親族が一方的にそのようなことをしており、酷いなと思うケースもあります。ただ、中には、本ケースのように、介護を主に担っている親族に文句を言い続けた結果、囲い込みをされてしまったのではないかと思うケースもあります。介護を率先して行っている親族への心情的な配慮を欠いた行動をしていた結果、親と会えなくなってしまうというのはとても悲しい事態です。筆者が経験した事例では、親の具合が悪くなったということも一切伝えられず、気が付いたら親の葬儀も終わっていたということもあります。

自分は介護をしていないにもかかわらず介護をしている親族に対して不満をぶつけてしまうという方は、度が過ぎると上記のような事態になってしまうので気を付けなければなりません。

## 第7　その他

### 〔30〕 預金が凍結された場合の対応

**Case**

先日、父親が亡くなりました。母親の介護費用は父親の口座から支払っていたのですが、父親の口座が凍結されてしまい、介護費用の支払ができずに困っています。弟に父の預金だけでも先に引き出したいから協力してほしいと依頼しましたが、弟とは折り合いが悪く、遺産分割協議が成立するまでは一切の署名・捺印はできないとして協力をしてくれません。

預金だけでも先に引き出すことはできないのでしょうか。

◆ ポイント ◆

・銀行は、預金名義人の死亡を知ると、預金を凍結して引き出せなくしてしまいます。
・原則として、相続人全員の合意がないと預金は解約できず、引き出すことができなくなります。
・遺産分割でも、預金の一部については仮払いしてもらえるという制度もあります。

**解　説**

#### 1　預貯金の凍結について

金融機関は、預貯金名義人が死亡したことを知ると、預貯金を引き出せなくさせてしまいます。この状態を俗に、預貯金が凍結されるといわれています。

従前は、預貯金債権は可分債権であり、遺産分割をせずとも相続開始と同時に法定相続分に応じて当然に分割されるため、相続人は単独で自身の法定相続分に応じた預貯金額の払戻しを請求できるとされていました（最判昭29・４・８民集８・４・819）。そのため、銀行が相続人からの払戻請求を拒否しても、弁護士を通して払戻請求をした場合、預金の払戻しを受けることができました。

しかしながら、最高裁平成28年12月19日決定（民集70・８・2121）は、預貯金債権は遺産分割の対象となると判断しました。その結果、預貯金は、相続開始と同時に当然に相続分に応じて分割されることはなくなり、預貯金は遺産分割が成立するまで払戻しができなくなりました。

なお、金融機関は、預貯金名義人の死亡の事実を知ってからしか凍結はできません。金融機関は自ら積極的に情報を取得して凍結するというわけではないので、金融機関に預貯金名義人の死亡の事実を伝えなければ凍結を避けられる可能性もあります。

## ２　遺産の分割前における預貯金債権の行使

判例変更により遺産分割協議成立前には預貯金の払戻しができなくなってしまいました。ただ、現代においては現金保管の代わりに預貯金口座に入金していることが多く、預貯金が一切引き出せないとなると、被相続人の資産で生活をしていた親族が当面の生活費などを口座から引き出すことができずに困ってしまうことになります。

そのため、遺産分割前であっても一定額は預貯金を引き出せるという制度が設けられました。民法909条の２では、各預貯金の口座残高の３分の１に権利行使者の法定相続分をかけた金額（ただし、上限金額はあります。）については、遺産分割前でも引き出しが可能とされました。

上限については、法務省令で定めるとされており、「民法第909条の2に規定する法務省令で定める額を定める省令」により150万円が上限となっています。

預貯金の引き出し可能額は、相続開始時の債権額を基準に判断され、行使時の残高とは異なります。

もっとも、遺産の分割前における預貯金債権の行使は、法定相続分の３分の１を基準とするので、金融機関は法定相続分を確認する必要があります。そのために、制度を利用するためには、金融機関に戸籍を提出する必要があります。相続分を確定するための戸籍を全て集めるのには時間がかかることもありますので、引き出すまでにある程度の時間がかかってしまうこともある点には注意が必要です。

### ３　遺産分割前の仮処分

既に遺産分割審判又は調停の申立てをしているが、遺産分割成立までには時間がかかりそうだという場合、遺産分割前の仮処分を申し立てるという方法もあります。

遺産分割前の仮処分として仮の遺産分割が認められれば、認められた範囲で預貯金を引き出せるようになります。

この遺産分割前の仮処分は、従前は、「強制執行を保全し、又は事件の関係人の急迫の危険を防止するため必要があるとき」しかできないとされていましたが（家事200②）、預貯金に関する最高裁判所判例変更に伴い、家事事件手続法200条３項が追加されました。

これにより「相続財産に属する債務の弁済、相続人の生活費の支弁その他の事情により遺産に属する預貯金債権を当該申立てをした者又は相手方が行使する必要があると認めるとき」には、遺産分割成立前に預貯金債権の全部又は一部を仮に取得させることができるようになりました。

なお、預貯金の仮取得の金額がどの程度認められるかについては、裁判所が遺産分割成立時期の見通しから判断することになりますが、月々の生活費に必要な金額の数か月から１年分が相当ではないかといわれています（片岡武・管野眞一編著『家庭裁判所における遺産分割・遺留分の実務〔第４版〕』443頁（日本加除出版、2021））。

このため、母親の介護費用支払のために亡くなった父親の預金を引き出す必要があるが、他の相続人が協力してくれないという場合、早々に遺産分割調停を申し立て、遺産の仮分割をするという方法も検討するとよいでしょう。

## 〔31〕 介護を要する老親の遺産分割を見据え少しでもできること①（相続税対策）

**Case**

父が認知症になり裁判所が選任した専門家が成年後見人に就任しました。三人兄弟のうち、長男である私が父と同居して介護をしており、将来的には私が自宅を相続する予定です。父は自宅以外にも賃貸不動産を持っているため遺産分割時に相続税はどうなるか税理士に相談をしたところ、父の賃貸不動産を売って他の不動産を購入しておいた方が相続税は安くなり、一人当たりの相続額も多くなるとアドバイスされました。遺産分割を見据え、成年後見人に相続税対策のために父の不動産を処分してほしいとお願いしました。

しかしながら、成年後見人から成年後見人は相続税対策はできないと断られてしまいました。相続税が高くなることは父も望んではいないと思いますが、成年後見人は相続税対策はできないのでしょうか。

◆　ポイント　◆

・成年後見人は本人の利益になることしかできないので、相続税対策はできません。
・認知症になっても相続税対策をしたいという場合、成年後見申立てではない他の方法を検討する必要があります。

## 解　説

### 1　成年後見人は本人の利益を守ることが職務

成年後見人は、本人（成年被後見人）を保護することが職務となります。成年後見人は本人の利益に反することをしてはなりません。推定相続人に貸付けをしたり、贈与をしたりは原則としてできません。

### 2　成年後見人による相続税対策

ここで問題となるのは相続税対策です。本人も相続税が高くなることは望まず、少しでも多くの金額を相続人に残してあげたいと考えるのが通常かと思います。しかしながら、相続税は本人が支払うものではなく、相続人が支払うものですので、相続税対策そのものは本人の利益にはなりません。むしろ、相続税対策のために生前贈与をするなどの方法は本人の資産を減少させる行為となります。

そのため、相続税対策は、成年後見人はできないとされています。この点、東京家庭裁判所の「成年後見申立ての手引～東京家庭裁判所に申立てをする方のために～」では「成年後見人等、本人とその配偶者や子、孫など（親族が経営する会社も含む。）に対する贈与や貸付けなども、原則として認められません。相続税対策を目的とする贈与等についても同様です。本人の財産を減らすことになり、また、ほかの親族との間で無用の紛争が発生するおそれがあるからです。」と、相続税対策のための贈与はできないと明記されています。また、さいたま家庭裁判所の「成年後見申立ての手引」においては、相続税対策のためのアパート建築も「成年後見制度は本人の財産を保護するためのものであり、推定相続人の利益を図るための制度ではない」ことを理由に、できないということが明記されています。

成年後見人等に不正な行為、著しい不行跡その他後見の任務に適さない事由があるときには、家庭裁判所が解任することがありますし、不正な行為によって本人に損害を与えた場合には、成年後見人は賠償責任を負います。また民事上の責任だけでなく、業務上横領罪（刑253）等の刑事責任を問われることがあります。

そのため、成年後見人が就任した後は、もう相続税対策はできないと考えておいた方がよいでしょう。もし、認知症になった後も相続税対策をしたいという場合には、成年後見申立てではなく、家族信託などを検討しておいた方がよいでしょう。

コラム

○成年後見制度の使いづらさと改正予定

解説に書いたとおり、成年後見人は、本人の利益を図る制度です。前掲の東京家庭裁判所の「成年後見申立ての手引」では、「本人の財産から支出できる主なものは、本人自身の生活費のほか、本人が第三者に対して負っている債務の弁済金、成年後見人等がその職務を遂行するために必要な経費、本人が扶養義務を負っている配偶者や未成年の子などの生活費などです。それ以外のものについて、本人の財産からの支出が一切認められないというわけではありません。例えば、身内や親しい友人の慶弔の際に、常識的な金額の範囲内で支払う祝儀や香典等については、本人の財産の中から支出してもよいと判断される場合が多いでしょう。ただし、これらの支出の必要性、相当性については、本人の生活費や必要経費よりも一層慎重な判断が必要です。」と記載されています。

本人の利益を守るという意味ではすばらしいこととは思いますが、成年後見人就任前までの家族間の慣例とは大きく異なるケースもあります。年に一度、父親の負担で家族で墓参りの旅行に行っていたが、成年後見人就任後は旅行代金は父親の分しか出してもらえなくなった結果として、家族旅行に行けなくなってしまうという例もあります。

確かに、本人の経済的なメリットはないですが、たとえ認知症になってしまっていても、おじいちゃんと子、孫が一緒に旅行に行って家族写真を撮るなどの行為はお金には代えられないメリットがあります。現状は、不動産売却や介護施設入居などの契約のために成年後見人が就任すると、契約事が終わった後も成年後見人が就任し続けるため、これまでできていた柔軟な支出ができなくなるという事態を避けるために、成年後見人選任の申立て自体を避ける動きもあります。

このような弊害を避けるために、成年後見制度を契約事などの際にだけ利用するスポット利用の導入の検討も含めた成年後見制度の変更が検討されています。

## 〔32〕介護を要する老親の遺産分割を見据え少しでもできること②（家族信託）

**Case**　父が軽度の認知症になり、三人兄弟の長男である私が父と同居して介護をしています。遺産分割時に揉めないよう、あらかじめ家族で協議したところ、私が自宅と賃貸不動産を相続することとなりました。賃貸不動産の相続税が心配なので税理士に相談をしたところ、父の賃貸不動産を売って他の不動産を購入しておいた方が相続税が安くなるとアドバイスされました。

ただ、今はまだ父親の介護費用がこれからどのくらいかかるか分からないため、生活費のためには賃貸不動産による賃料収入があった方がよいと考えています。賃貸不動産を売却するにしても、父親の状態がもっと悪くなってからと思っています。

医師の診察によると認知症はこれから進んでいく見込みであり、認知症になり判断能力がなくなってしまうと、もう相続税対策はできないと聞きました。家族信託をしておけば、認知症になっても相続税対策ができると聞いたことがあります。家族信託とはどのようなものでしょうか。

◆ ポイント ◆

・家族が信託受託者となるような信託契約を称して「家族信託」と呼ばれることがあります。
・信託契約の目的や信託財産の管理・運用・処分の方法で相続税対策として行うような事柄を定めておけば、受託者が認知症の本人に代わって相続税対策をしておくことが可能になります。

## 解　説

### １　信託とは

「信託」とは、信託契約や遺言などの方法により「特定の者が一定の目的（専らその者の利益を図る目的を除く。同条において同じ。）に従い財産の管理又は処分及びその他の当該目的の達成のために必要な行為をすべきものとすること」をいいます（信託２①）。

信託契約は、契約によって内容を自由に決めることができます。信託契約は遺言や成年後見制度と比べて自由度が高いことから、高齢者の財産管理の方法として信託契約を用いるという方法も増えてきています。

信託の引受けを業とするには信託業免許（又は登録）が必要です（信託業３・７①）。しかし、信託を業としてするのではなく、家族や知人・友人のために１回受託するだけであれば、信託業免許はいりません。信託銀行や信託会社に信託すると費用がかかってしまいますし、家族のことは家族内で完結させたいという方も多いため、親族を信託受託者として信託契約をすることも多く、それが一般に家族信託と呼ばれています。

### ２　成年後見代用信託

家族信託にはいろいろな使われ方がありますが、相続税対策との関係では成年後見の代わりに用いられることがあります。

〔31〕で述べたとおり、親が認知症となり成年後見人が選任された場合、成年後見人は成年被後見人の相続税対策はできません。

では、認知症になる前に相続税対策をしておけばよいかというと、それは難しいということもあります。相続税対策のために資産を売却したり、相続税評価が低い財産に組み替えたりするということもあります。その場合、不動産には売り時、買い時がありますので、今すぐには不動産の処分をしたくないということもあります。また、相続税対策をしていても、亡くなるまでには資産も変化しますし、市況によって財産の評価も変化します。相続税対策に関する制度も変更する可能性があり、今行った相続税対策が死亡するまでの間には意味がなくなってしまい、改めて相続税対策をしなければならなくなることもあり得ます。

しかし、いざ相続税対策のために資産を処分するなり、資産を購入しようとする段になって、本人が認知症になり行為能力がなくなってしまっていると相続税対策はできないことになってしまいます。

そのような場合、民事信託契約であれば、信託の目的に相続発生後に推定相続人が承継できる資産を増やすこともうたい、信託財産の管理・処分として資産の売却や新規購入を入れておけば、受託者が引き続き相続税対策のために資産を処分したり、新規に購入したりすることができるようになります。

このように家族信託をしておけば、行為能力がある現時点では不動産の売り時ではないが、将来、認知症が進んだ時期に不動産の売り時が来たら売却したいというニーズをかなえることが可能です。

# 第 2 章

## 介護をしていなかった側からの相談

# 第１　使途不明金への対応

## 〔33〕　存命中に使途不明金の疑いを持った場合の対応

**Case**

父が重度の認知症になり介護施設に入りました。父が財産管理をすることができなくなってしまったので、兄が父の財産の管理をするようになりました。

兄はそれまで質素な生活をしていたのですが、父の財産管理を始めて以降、兄の家族だけで海外旅行に行ったり、自動車を外車に乗り換えたりと生活が派手になりました。

疑いたくはないのですが、父の財産を使い込んでいるのではないかと疑ってしまいます。

遺産分割の際に財産がないという事態を避けるために、父が存命中にできることはあるのでしょうか。

◆　ポイント　◆

・まずは資金使途を明らかにするように尋ねてみてください。

・父に判断能力がある場合、父から金融機関に問い合わせてもらうという方法もあります。

・明らかにしてもらえない場合、成年後見の申立てを検討するとよいでしょう。

## 解　説

### 1　兄に質問してみる

一番簡単な方法は、とりあえず兄に父の通帳を見せてもらえないか尋ねてみるということです。もし見せてもらえたのであれば、引き出した現金を確認し、疑問に思った点があったら質問をしてみてください。

ただ、兄に通帳を開示したり、質問に回答しなければならない義務はありません。

依頼をしても通帳の開示や資金使途の説明を拒否されれば、それまでとなってしまいます。

### 2　父から銀行に照会をしてもらう

もし、父親にまだ判断能力があるのであれば、父親に「兄のお金遣いが荒くなっており、父の口座の資金使途を聞いても教えてもらえない」旨を話して、父から金融機関に連絡して、取引履歴を取り寄せてもらうという方法もあります。

ただ、父親にそのようなお願いをしても、財産管理は兄に任せてあるのだから照会はしないと断られることもあります。

そのような場合、父親が取引している金融機関に相談者から照会をしても回答はしてもらえません。親の銀行取引履歴は親の個人情報です。親が存命中は親以外の第三者から財産の照会があっても、原則として回答されることはありません。

### 3　成年後見の申立て

父親に判断能力がない又は判断能力はあるが減退しているという場合、成年後見（保佐、補助）の利用を検討します（民7・11・15）。

成年後見を申し立てると親族（法定相続人）に意見照会がいきます。紛争性のある案件の場合、成年後見人は親族ではなく裁判所選任の専門家が就任することが多いです。

成年後見人は、本人に代わって財産管理をする権限がありますので、成年後見人から父親が取引している金融機関に取引履歴を照会すれば回答を得ることができます。

成年後見人が就任した際に、申立人と意見交換をする機会を設けてもらい、その際に、使途不明金の疑いがあるのでそれを調査してほしい旨を伝えると、調査をしてくれるかもしれません。また実際に兄による使い込みがあった場合には、取り戻してくれる可能性もあります。

ただ、実際にどこまでやってくれるかは就任した成年後見人次第となります。成年後見人によっては親族との関係性を考えてそこまで調査をしないということもあり得ますし、そのような場合、他の親族から成年後見人に調査を強いるようなことはできません。

もっとも、少なくとも成年後見人が就任した後は、兄は好き勝手に父親の預金を引き出したりはできなくなります。その意味では成年後見人を就ける意味はあります。

コラム

○兄にそんなこと言えない

兄が親のお金を使い込んでいるかもしれないという相談も、頻出の相談です。

兄に資金使途を聞けばよいと伝えると、「兄に資金使途を聞いたら逆上され関係が悪くなるので、そのようなことは言えない。」、「親が生きている間は、兄とは喧嘩している姿を親に見せたくない。」と言われてしまうことがあります。

兄には言えないし、兄の意向に反して成年後見の申立てもできない。

そうなると、使途不明金の疑いがあっても、もう受け入れるしかありません。受け入れて、もし争いたいのであれば父の死後に争うしかありません。ただ、父親が亡くなるまでは何も対策をしないとなると、これからも預金は引き出され続けるかもしれないですし、使途不明金を兄が使ったかどうかの立証も困難になるケースがあります。

自分の権利を主張したいということは、誰かとぶつかる可能性を受け入れるということです。法律相談の際に、家族とはぶつかりたくはないが自分の権利はきちんと主張したいと仰る方もいますが、残念ながらそのような方法はありませんと回答せざるを得ません。

## 〔34〕 生前の使途不明金の遺産分割での扱い

**Case**　父の生前は、兄が父の介護をしており、父の財産管理も兄がしていました。父が死亡して遺産分割をする際、父の生前に多額の預金が引き出されており預金がほとんど残っていないことが判明しました。

遺産分割調停を申し立てれば兄が管理していた父親の預金口座の使途不明金については明らかになるのでしょうか。

### ◆ ポイント ◆

・生前の使途不明金は遺産分割の対象ではないので原則として遺産分割調停では議題になりません。

・相続人の一人が使途不明金の私消を認めた場合、現金や返還請求権として扱うことが多いです。

・使途不明金の私消を認めない場合は、別途訴訟で争うことになります。

### 解　説

#### 1　遺産分割の対象

遺産分割の対象は、相続発生時（＝死亡時）に存在し、かつ遺産分割時にも残存している財産のみです。生前の使途不明金は、相続発生時には既に預金が存在していません。そのため、遺産分割の対象になりません。

この点、使途不明金について、被相続人から預金を管理していた者に対する不法行為に基づく損害賠償請求権や不当利得返還請求権があると考えれば､相続発生時に債権としては存在することにはなります。しかし、可分債権の相続については、遺産分割をせずとも相続分に応じて相続をしていることになります。債権の存否に争いがあるような場合は、やはり遺産分割の対象とならずに、別途相続人の一人である相談者から兄に対して債権を請求する際に債権の存否を争うということになってしまいます。

以上のとおり、原則として使途不明金は遺産分割の対象になりません。

## 2　東京家裁ルール

東京家庭裁判所の遺産分割調停では、使途不明金など遺産分割の対象そのものではないが遺産分割時に一緒に問題になりやすいいわゆる付随問題については、調停での話合いの対象にしないというルールになっています。付随問題で調停が長引き、いつまで経っても遺産分割調停が終わらなくなってしまうからです。

しかし、相続人間で協議がまとまりそうな場合には、おおむね調停期日３回までは付随問題について協議し、それでもまとまらない場合は協議を打ち切り、後は訴訟で争ってもらうという運用になっているようです（田中寿生ほか「遺産分割事件の運営　東京家庭裁判所家事第５部（遺産分割専門部）における遺産分割事件の運用」判タ1373号54頁、1375号67頁、1376号56頁（2012））。

## 3　使途不明金を認めた場合

相続人が遺産の使い込みを認めた場合、遺産目録に不法行為に基づく損害賠償請求権や不当利得返還請求権と明記するのは当該相続人にとって心理的な抵抗があるので、現金が当該相続人の手元にあると擬制して当該相続人が現金を相続することにしたり、被相続人から当該相続人への財産管理を目的とする委任契約終了に基づく精算金請求権などの名目の遺産を計上し、それを当該相続人が相続することが多いでしょう。

### 4　引き出しを認めない、引き出したが親のために使ったと主張をする場合

遺産を管理していた相続人が預金の引き出しの事実を認めなかったり、引き出しをしたが親のために使ったのであって私消していないと主張する場合には、遺産分割調停での解決は困難です。

その場合は、別途訴訟を提起して争っていくことになります。

## 〔35〕 生前の使途不明金の不当利得返還請求

**Case**　長男である兄が父の介護をしており、財産管理も兄がしていました。父が死亡して遺産分割をする際に、生前に多額の預金が引き出されており預金がほとんど残っていないことが判明しました。

遺産分割協議の際に、兄に対して預金を引き出して使い込んだのではないかと指摘したところ、兄は預金の一部を自分が引き出したことは認めましたが、全部父のために使ったと主張しています。しかし、兄が財産管理をしている期間中、父は自宅でほぼ寝たきりでした。外出もできないのに父のためにお金を使ったはずがありません。また、兄は自ら認めた一部の預金引き出し以外は、自分が預金を引き出したことすら否定しています。

引き出したお金を戻してもらうには、どのようにして争っていけばよいのでしょうか。

### ◆ ポイント ◆

・遺産分割協議・調停で預金の引き出しを認めてくれなければ訴訟提起をするしかありません。
・訴訟の準備として、取引履歴、預金引出伝票、親の診断書などを取り寄せるとよいでしょう。

## 解　説

### 1　預金を引き出したことの立証のために

まず兄が預金を引き出したことを立証する必要があります。

銀行は預金引出伝票を一定期間保存していますので、弁護士会照会などを使って預金引出伝票を取り寄せられないか検討をしてみてください。預金引出伝票の筆跡などから兄が預金を引き出したことが立証できる可能性があります。

親が介護施設に入っていた場合、預金通帳や印鑑の管理を本人がしていたか尋ねるというのも方法です。

また、本人が寝たきりで銀行に行けない状況であったことや、通帳、印鑑は長男が管理していたことなどは、預金の引き出しが長男によって行われたことの裏付けとなり得ます。

### 2　本人の意思に基づかない引き出しであることの立証のために

本人が通院していた医療機関や介護施設から診断書や介護記録を取り寄せて、本人に判断能力がなかったか調べてみてください。預金引き出し時に本人に判断能力がなかったのであれば、その預金引き出しは本人に頼まれて代わりに引き出したとはいえません。

### 3　資金使途について

資金使途については最終的には引き出した者しか分かりません。そのため、預金引き出しの事実や、それが親の意思に基づかないものであることがある程度立証できそうであれば、資金使途については分からないまま訴えるほかありません。

ただ、介護費用や入院代など実際に親にかかっていたお金については、預金の取引履歴を調べたり、病院や介護施設から請求書を取り寄せるなどして事前に調査をすることは可能です。大体、親の生前にどの程度の費用が実際にかかっていたかは推計してみて、それを超えるような資金使途はなかったことを説明し、後は、実際に預金を引き出した者が親のために使ったという反論をしているのであれば、具体的な使途についての反論を待つということになります。

コラム

○使途不明金について請求された場合

使途不明金の返還について、不当利得返還請求権のほか、不法行為に基づく損害賠償として訴えられることがあります。不法行為に基づく損害賠償として使途不明金が争われたという事例で、資金使途については被相続人のために使ったと反論していたものの、引き出し権限があった点については一切主張をせず、結果として引き出し権限がないのに無断で預金を引き出したのであるから、資金使途がどうであれ、預金引き出し時点で横領の不法行為が成立しているとして、引き出した預金の使途について判断するまでもなく、損害賠償請求権は発生すると認定されているケースもあります。

そもそも勝手に預金を引き出していたのであれば敗訴をしても仕方がない話ですが、もし親から通帳と印鑑を渡してもらい財産管理を委託されていたのであれば、親から財産管理を任されていたことや預金を引き出して、裁量で親のために使ってよいとの委託があったことなど、預金を引き出す権限はあったことを主張・立証することを忘れないようにする必要があります。

## 〔36〕 介護親族による被相続人死亡後の預金引き出し

**Case**

この度、父親が亡くなりました。父親は生前要介護状態になっており、自分で財産の管理ができなくなっていたので、近くに住んでいた長男である兄が介護を理由に父親から通帳や印鑑、キャッシュカードを預かって財産を管理していました。

既に父親が亡くなっているにもかかわらず、兄はキャッシュカードを使って預金を引き出しているようです。何とか兄による預金引き出しを止めることはできないでしょうか。また、相続発生後に引き出した預金は遺産分割ではどのように扱われるのでしょうか。

◆ ポイント ◆

・金融機関に預金者が死亡した事実を伝えれば預金は凍結されるので、引き出せなくなります。
・兄が父親死亡後の預金の引き出しを認めていない場合は、訴訟で解決することになります。
・兄が父親死亡後の預金の引き出しを認めていれば、引き出した預金も遺産分割の対象にできます。

### 解　説

#### 1　預金の凍結

預金は遺産分割の対象になるので、金融機関は預金者が亡くなったことを知ると、預金の引き出しをできなくします。これを一般に預金が凍結されるといわれます。

ただ、金融機関は、積極的に預金者が死亡した事実を集めているわけではないので、死亡の事実を知らなければ預金は凍結されずにそのまま使い続けることができるということもあります。そのため、死亡後もキャッシュカードを使えば預金の引き出しができてしまうのです。実際に遺産分割の案件を取り扱っていると、預金者死亡後にキャッシュカードで引き出せる限度額の引き出しが毎日行われ続け、遺産分割をしようとしたときには預金が1,000円以下になっていたという事例も散見されます。

金融機関は、預金者が死亡した事実を知れば預金を凍結してしまいますので、兄の預金引き出しを止めたいのであれば、金融機関に連絡して父が死亡した事実を伝えればよいだけです。これによって、以後の兄による預金引き出しは防ぐことができます。

取引金融機関が分からない場合、近隣の金融機関を回って、父親が亡くなったが取引はあったか調べてほしいと、父が死亡した戸籍（除籍）と自身が相続人であることが分かる戸籍を提示すれば、預金の有無を調べてくれます。そして、預金があれば凍結してくれますので、金融機関が分からないという場合は、地道に近隣金融機関を回ってみるのがよいでしょう。

## 2　遺産分割の対象外

〔34〕で述べたとおり、遺産分割の対象は、相続発生時（＝死亡時）に存在し、かつ遺産分割時にも残存している財産のみです。

死亡後に預金引き出しがあった場合、相続発生時には預金はあったが、遺産分割時には残存していないことになります。そのため、死亡後に引き出された預金は、遺産分割の対象にはなりません。いわゆる付随問題として、原則として別途訴訟で解決する必要があります。

### ３　民法906条の２の例外

民法906条の２第１項は、「遺産の分割前に遺産に属する財産が処分された場合であっても、共同相続人は、その全員の同意により、当該処分された財産が遺産の分割時に遺産として存在するものとみなすことができる。」と規定しています。預金の引き出しも遺産の処分ですので、全相続人の同意があれば引き出した預金も遺産として存在するものとして遺産分割の対象にできます。

ただ、本ケースの長男のように、相続人の一人が勝手に預金を引き出していたという場合、その人は同意をしてくれないかもしれません。処分をした当事者が反対をしている場合、同条２項は「共同相続人の一人又は数人により同項の財産が処分されたときは、当該共同相続人については、同項の同意を得ることを要しない。」としており、処分をした相続人本人の同意は得られなくても、処分した財産を遺産分割の対象にできるとしています。

長男が預金を引き出したことさえ認めていれば、仮に引き出した現金について遺産分割の対象にすることに反対をしていたとしても、引き出した預金があることを前提に遺産分割をすることになります。その場合、長男としては、引き出した預金の使途をきちんと説明しなければならない立場に置かれることになります。

コラム

○葬儀費用に充てたという弁明について

死亡後に引き出した現金については、葬儀や四十九日法要、納骨費用に充てたと弁明されることがあります。

この点、葬儀費用や法要費用は、親族間の合意がない限り、契約者たる喪主が負担することになります（名古屋高判平24・３・29（平23（ネ）968））。他の相続人が反対をしていれば、勝手に遺産から葬儀費用を支払うということはできません。そのため、葬儀費用等に充てたという弁明は、死亡後に引き出した現金は全相続人のために使ったのだから返還を要しないとの反論にはなっていません。

ただ、遺産から葬儀費用を支払うということは、一般的にはよく行われていることかと思います。そのため、筆者が取り扱う案件では、依頼者に、本来は葬儀費用は喪主が負担する費用であることを説明した上で、葬儀費用から受領した香典額を控除した、実際に葬儀にかかった費用分については正当な使途として認めて、返還は不要であるとしませんかと提案することが多いです。

他方で、引き出した預金の使途として、自身の香典費用や自身が葬儀や納骨に参加した際の交通費なども使途として説明してくる方がいます。それらの費用は他の相続人も同様にかかっている費用であり、預金を引き出した人だけが負担している費用ではありません。引き出した預金から控除を認めるのは適切とはいえませんので、香典や交通費などは正当な使途として認めないことが多いです。

## 〔37〕 被相続人の意思による第三者への贈与

**Case**

先日、叔父が亡くなりました。叔父は独身で軽度の認知症だったということもあり、介護施設に２年前から入居していました。叔父は都内に賃貸用マンションを一棟保有するなど数億円の資産を保有しており、私も甥として相続人になるかと思っていました。しかし、叔父は生前に、介護施設の担当職員に、所有していた賃貸用マンション一棟を生前贈与していたことが判明しました。軽度であっても認知症という状況ですし、担当職員にマンションを一棟あげることなど通常はあり得ません。

何か争う方法はあるものでしょうか。

### ◆ ポイント ◆

・行為能力がなければ贈与は無効となります。
・行為能力があったとしても、程度によっては公序良俗違反の可能性があります。

### 解　説

#### 1　行為能力がない場合の贈与契約の効力

行為能力がなければ贈与契約は無効になります。そのため、契約当時行為能力があったかどうか、医療機関の診療記録や入居していた施設の介護記録などを取り寄せ、調査をした方がよいです。

### 2　公序良俗に違反して無効になる可能性

生前贈与ではないですが、身元保証会社への死因贈与が無効になった例はあります。

名古屋高裁令和4年3月22日判決（令3（ネ）179号）（原審：名古屋地岡崎支判令3・1・28（平30（ワ）624・令2（ワ）282））は、身元保証サービスを提供する団体が特別養護老人ホームに入居していた高齢者（契約当時81歳）と身元保証契約をするとともに、不動産を除く全ての財産を身元保証提供団体に贈与するという死因贈与契約を締結したケースで、死因贈与契約を公序良俗に反して無効と判断しています。

また、〔46〕で説明するとおり、弁護士に対して全ての遺産を遺贈するという内容の遺言が、公序良俗に違反して無効になったという例もあります。

一般的には、介護を担当していた職員に数億円もするような資産を贈与することはありませんので、経緯によっては公序良俗違反として無効といえる可能性もあります。

**コラム**

**○悪質な介護施設や身元保証会社にも気を付ける必要がある**

上記判決の原審である名古屋地裁岡崎支部令和3年1月28日判決は、入居していた養護老人ホームの入居者の半数以上が当該身元保証団体と身元保証契約を締結しており、原告（入居していた養護老人ホーム）との癒着が認められること、当該身元保証団体は当該入居者以外にも身元保証契約と付随して死因贈与契約を締結しており、当該身元保証団体が身元保証契約を事業とする目的の一つが多額の寄付金を獲得するためであることを認定しています。もし、本当に介護施設と身元保証団体が癒着し、入居者の財産の死因贈与を誘導していたのだとしたら、とても恐ろしいことです。

以前から、一部の身元保証会社では死亡時に契約者の財産を全て譲り受ける遺言を作成する、全て死因贈与をしてもらうという契約を締結するなどして、それが収益源となっているという噂は聞いていました。この判決により、癒着はさておくとしても、身元保証会社において全ての財産を死因贈与させる契約を締結している例が実際にあるのだということを知ることができました。

真意で自発的に団体への遺贈を申し出たということであればよいのですが、高齢で判断能力が乏しくなっている状況や他に頼れる人がいないという状況に乗じて、全財産の遺贈や死因贈与を持ちかけるような身元保証団体や介護施設もあり得るということです。親族が身元保証契約をしていたり介護施設に入居していたりするような場合、そのような死因贈与契約や遺言を作成していないか念のため確認をしておいてもよいでしょう。

なお、令和６年６月に身元保証サービスを含む高齢者等終身サポートについて事業者向けのガイドラインが公表されました（内閣官房（身元保証等高齢者サポート調整チーム）他「高齢者等終身サポート事業者ガイドライン」（令和６年６月））。同ガイドラインでは、遺言や死因贈与によって契約者から財産を寄付してもらう点について、身元保証契約の条件にすることはもちろんのこと、死後に財産を寄付してもらうことを前提とした契約プランや相続財産の全部又は一部を贈与してもらうことで費用に充てるようなプランを設けることは、契約者の真意による寄付か疑問が生じるので避けるべきと記載されています。また、身元保証団体が契約者から寄付を受け取るということ自体が利益相反的であるとの指摘もされています。

この点、そもそも医療機関や介護保険施設等は、身元保証人がいないということを理由に入院・入所を拒否することはできないと考えられています（同ガイドライン６頁）。もし身元保証が必要だから身元保証サービスを利用した方がよいと勧誘された際には、その説明を鵜呑みにして契約するのではなく、本当に身元保証サービスが必要かどうかを含め、まずは地域包括支援センターに相談した方がよいでしょう。

# 第2　介護費用と相続放棄

## 〔38〕 相続放棄した場合の介護費用

**Case**

父が亡くなりました。父には負債があることから相続放棄をすることを考えています。

父は、生前、介護施設を利用していたのですが、介護施設から介護施設利用料の支払を請求されています。相続放棄をした場合であっても介護費用を支払う必要はあるのでしょうか。

◆ ポイント ◆

・相続放棄をした場合、被相続人が負っていた債務を支払う必要はありません。

・介護施設の入居契約では、親族が契約当事者となっていたり、介護費用の支払について連帯保証をしていたりする可能性もあります。契約書が手元にない場合、施設に契約書を開示してもらい連帯保証の有無を確認してみてください。

**解　説**

### 1　相続放棄について

（1）　相続放棄とは

相続をすると、相続開始の時から、認知請求権など被相続人の一身専属権を除く、「被相続人の財産に属した一切の権利義務」を承継することになります（民896）。「一切の権利義務」を引き継ぐことになるので、預金や不動産などのプラスの財産のみならず、被相続人が負っていた借金などの債務、マイナスの財産も引き継ぎます。包括承継では、特定の財産や権利のみを引き継ぎ、特定の財産や権利・義務は引き継がないと選ぶことはできません。ある財産だけ承継をして、負債は承継しないということはできません。

債務が多いので相続をしたくないという場合には、相続放棄をすることになります。相続放棄をした場合、最初から相続人にならなかったとみなされます（民939）。

（２）　相続放棄の仕方

相続放棄をするには、被相続人の最後の住所地の家庭裁判所に対して申述をする必要があります（民938、家事201①）。遺産分割で自身の相続分を０とするような合意をしたり、相続するつもりがないから相続手続をしなかったりしても、それでは相続放棄をしたことにはなりません。

相続放棄は、自己のために相続の開始があったことを知ったときから３か月（熟慮期間）以内にする必要があります（民915①）。３か月以内に相続放棄をするか決められない場合は、熟慮期間の伸長を申し立てることもできます（民915①ただし書）。

相続放棄の申述をする前に、相続人が相続財産の全部又は一部を処分したときは法定単純承認となり（民921一）、相続放棄をすることはできなくなります。

（３）　相続放棄手続の効果

相続放棄が受理されると、裁判所から相続放棄申述受理通知書が送られてきます。相続放棄申述受理通知書には申述を受理した日の記載があります。相続開始から３か月を経過している日が受理日として記載されていても、これは裁判所が申述を受理した日であり、実際に申述をした日とは異なります。３か月以内に申述をしていればよく、裁判所が申述を受理した日が相続開始から３か月経過していたとしても相続放棄の効力には影響ありません。

なお、家庭裁判所が相続放棄申述を受理したとしても、相続放棄の効果が確定したわけではありません。債権者は、法定単純承認事由があった、３か月の熟慮期間を経過してからの申立てであるなどを理由に相続放棄の効力が生じていないとして争うことができます。

（４）　相続放棄の遡及性

相続放棄をした場合、遡って相続人ではなかったことになります。そのため、相続によって負債も承継することはなくなります。介護施設の利用料は、介護施設との契約に基づき契約者である施設入居者が負う債務ですので、相続放棄をした相続人は、その支払をする必要はなくなります。

## ２　契約当事者や連帯保証人になっているかの確認

ただ、介護施設の利用契約は死亡により終了することがあらかじめ予想されていますので、介護施設の利用者が死亡した場合に施設利用料を誰が負担するかをあらかじめ規定しておくことが多いです。

明確に契約当事者や連帯保証人となっていないケースも散見されます。親族代表や身元引受人として署名をしている場合、契約書をよく見ると身元引受人や親族代表という名称であっても実態としては契約当事者になっていたり、連帯保証人になっていたりすることもあります。

相続放棄をした相続人が介護施設利用契約の契約当事者や連帯保証人になっている場合、相続放棄をしたとしても介護施設利用料の支払は免れません。

そのため、もし介護施設利用料の支払を拒否したいから相続放棄を検討しているという場合には、あらかじめ介護施設利用契約を確認し、契約当事者や連帯保証人として介護施設利用料債務を負っていないか確認することが重要となります。

なお、連帯保証の場合で、令和２年４月以降の契約の場合、介護施設利用料の保証は個人による根保証となるため極度額の定めが必要となっており、極度額の定めのない個人根保証契約は効力が生じません（民456の２①②）。そのため、連帯保証の場合、極度額の定めがあるかも確認するとよいでしょう。

### ３　介護施設利用料を支払う必要があるか

以上のように、相続放棄をした場合、介護施設利用契約の当事者や連帯保証人になっていない限り、介護施設利用料を請求されても支払を拒否することができます。

他方で、相続人が介護施設利用契約の当事者や連帯保証人になっている場合、相続放棄をしたとしても介護施設利用料の支払義務は免れません。

## 〔39〕 介護費用の支払をした場合の相続放棄（単純承認の可否）

**Case**　父が亡くなりました。父にめぼしい財産はなく、口座に幾ばくかの預金残高があるだけでした。父は、生前、介護施設に入居していましたが、亡くなった後施設から未払介護費用の請求をされたため、死亡直後に父の預金をキャッシュカードで引き出して支払いました。

ただ、その後になって父には多額の負債があることが判明したため、相続放棄をしようと考えています。父の遺産から介護施設利用料の支払をしてしまった後でも相続放棄はできますか。

◆　ポイント　◆

・原則として、相続人が相続財産の一部を費消してしまうと単純承認となり、相続放棄は認められません。
・例外的に認められる可能性もあるので、諦めずに相続放棄を試みてもよいでしょう。

### 解　説

#### 1　単純承認事由

相続放棄の申述をする前に、相続人が相続財産の全部又は一部を処分してしまうと、単純承認したとみなされ、相続放棄はできなくなります（民921一）。

本ケースでは、預金を引き出して、相続債務となる未払介護施設利用料を支払ってしまっているため単純承認となり、もう相続放棄はできないと判断される可能性は高いです。

### 2　道義上の支払の場合の例外

この点、葬儀費用については、相続財産の中から支払をした場合であっても単純承認事由に当たらないと判断された事例があります（大阪高決昭54・3・22家月31・10・61）。

この事例では、「遺族として当然なすべき被相続人の火葬費用ならびに治療費残額の支払に充てたのは、人倫と道義上必然の行為であり、公平ないし信義則上やむを得ない事情に由来するものであつて、これをもつて、相続人が相続財産の存在を知つたとか、債務承継の意思を明確に表明したものとはいえない」として、単純承認事由に当たらないと判断されています。

確かに、葬儀費用と介護施設利用料では性質は異なります。しかし、高齢化社会において介護施設を利用する方は多くなっています。介護施設の利用契約は死亡により終了することがあらかじめ想定されており、死亡時最後の１か月分の介護施設利用料は、相続債務となってしまうことが予定されている契約といえます。そのような介護施設利用料の特殊性を考えると、葬儀費用と同様、介護施設利用料の精算をすることは遺族として当然なすべきと認められる可能性はあるのではないかと考えます。

相続放棄ができるかにより、多額の債務を承継するかしないかが大きく異なります。多額の債務を負ってしまうようなケースでは、諦めずに相続放棄の申述をしてみるということも重要です。

### 3　自身の財産から支払った場合

相続人が自身の財産を原資として、相続債務を支払う分には単純承認事由には当たりません（福岡高宮崎支決平10・12・22家月51・５・49）。

そのため、もし多額の相続債務があるかどうか不安だが介護施設利用料は支払いたいという場合には、被相続人の財産からではなく、一旦自身の財産から支払う方が無難です。

コラム

○相続放棄の事実上の効果

相続放棄の申述受理は、あくまで家庭裁判所が申立人の相続放棄の申述を受理したということを示すのみです。家庭裁判所が相続放棄の申述を受理したことにより、相続放棄の効果が確定するというわけではありません。債権者は、相続放棄が受理されていても、単純承認事由があるため相続放棄の効果が認められないとして争うことはできます。

ただ、家庭裁判所で相続放棄の申述が受理されれば、それを受け入れて、もう請求はしてこないという債権者は多いと感じます。債権者が法人の場合、内部的には相続放棄が受理されていればそのまま債権の処理ができるため、よほどの事情がない限り、あえて相続放棄の効果を争ってまで請求はしてこないというのが実情かと思います。

そのため、相続財産はないと考えていたが後になって多額の負債があると判明した場合、もし相続放棄を受理してもらえる可能性が少しでもあるのであれば、諦めずに申述をしてみるということが重要なのではないかと考えています。

# 第３　介護と成年後見

## 〔40〕　非同居親族による成年後見申立て

**Case**　私の父は、５年前に認知症を患い、それ以降私の兄夫婦が父名義の実家で父と同居し介護をしています。私は実家から離れた土地で暮らしているため、介護には関与していません。

今年、久しぶりに実家に帰省したところ、駐車場に見たことのないワゴン車が停められていました。兄によると、父の通院のために購入した新車であり、通院時以外は兄夫婦が使用しているものの、購入費用を父の了解を得て父の預金から支出したとのことでした。

他方、私が父と話した印象では、認知症が相当進行しており、お金の管理など到底できそうにない様子でした。兄が話していた新車購入についても、父が十分に理解して費用を支出したのか怪しいように思われました。

父が亡くなった後の相続のことを考えると、父のお金が不適切な使い道に支出されることは避けたいと考えています。今後、同様のことがないように、父の資産を第三者の方に管理してもらいたいと思うのですが、何か方法はありますか。

◆　ポイント　◆

・成年被後見人の四親等以内の親族であれば、同居の有無にかかわらず後見開始の申立てをすることができ、適切な専門職後見人を選任してもらったり、後見制度支援信託等を利用することで、第三者に成年被後見人の財産を管理してもらうことができます。
・ただし、後見開始の申立てに当たって提出が必要となる診断書の取得や、申立後の手続進行に当たって同居家族の協力を得ることが必要となる場合も多く、同居家族の協力が得られない場合には成年後見人の選任が事実上困難となる可能性があります。

## 解　説

### 1　はじめに

#### （1）財産管理を第三者に委ねることの重要性

民法は、意思能力すなわち自身の行為によって生じる法的効果を理解する能力のない人が行った法律行為について、無効になると定めています（民3の2）。

もっとも、当該規定により法律行為が無効となるのは、法律行為が行われた当時に行為者に意思能力がない場合であるため（民3の2）、認知症が相当程度進行した人が法律行為を行ったというケースであっても、例えば行為の当時に一時的に意識が鮮明になっていたような場合には、行為当時には意思能力を有していたとして法律行為が有効と判断される可能性があります。

そして、認知症患者の方が行った財産処分等の法律行為の有効性が問題となった場合に、事後的に行為当時の意思能力の有無を調査・判断するというのは、通常容易なことではありません。

このように、認知症患者の方による財産処分の有効性をめぐって後日紛争やトラブルが生じることを避けるためには、あらかじめその方の財産の管理を第三者に委ねておくことが重要です。

（2）　財産管理を第三者に委ねる方法

一般的に、ある人が自身の財産の管理を第三者に委ねる方法としては、任意後見契約や財産管理委任契約、信託契約等を締結するという方法が考えられます。

もっとも、既に認知症が相当程度進行している人の財産管理を第三者に委ねようとする場合、上記のような契約はいずれも財産の保有者自身が契約当事者となる必要があるため、そのような契約を締結したとしても、意思能力がないことを理由に当該契約自体が無効と判断されてしまう可能性が高いといえます。

このような、既に意思能力ないし事理弁識能力を失っていると見込まれる人の財産管理を第三者に委ねる方法としては、〔23〕において解説した、後見開始の申立てを行い家庭裁判所に成年後見人を選任してもらうという方法があります。成年後見人が選任されれば、成年被後見人が不適切な財産処分等を行ったとしても、成年後見人は日常生活に関する行為の場合を除いて当該法律行為を取り消すことが可能になります（民9）。

## 2　非同居親族の申立てによる成年後見人選任手続

（1）　後見開始の申立て

〔23〕において解説したとおり、後見開始の申立ては四親等内の親族であれば行うことができ、本人と同居していない親族であっても申立てが可能です（民7）。

ただし、後見開始の申立てに当たっては、申立書の添付書面として所定の様式による診断書の提出が求められるところ（最高裁判所「成年後見制度－利用をお考えのあなたへ－」（令和4年10月）9頁）、認知能力の衰えた本人に医療機関を受診してもらい診断書を取得するには、本人と同居する家族の協力を得ることが必要となる場合も多いと考えられます。また、本人に対する聴取（家事120①一）や、鑑定手続の実施（家事119①）等、手続の進行に当たっても同居家族の協力が必要となる場合があります。

そのため、診断書の取得や手続の進行に同居家族の協力が得られない場合、後見開始の申立てに必要な書類の提出がないとして申立てが却下されたり、本人が事理弁識能力を欠く常況にあると家庭裁判所が認定することができない等、成年後見人の選任が事実上困難となる可能性があります。

なお、本人の預金から本人や同居家族の生活費等が支出されており、かつ本人が預金口座を保有している金融機関が判明しているのであれば、当該金融機関に対し本人の認知能力が低下している旨の申出を行い、預金口座を凍結するよう働き掛けることを通じて、同居家族に対し成年後見人の選任に協力するよう促すことも考えられます（〔59〕参照）。

（２）　成年後見人の人選

後見開始の申立てを行うに当たり、申立者は成年後見人の候補者を掲げることも可能ですが、候補者を指定せず裁判所に人選を委ねることも可能です。

本ケースのように、同居親族の関与による不適切な財産支出が疑われるため、非同居親族による後見開始の申立てがなされる場合、法律に関する専門知識を有する弁護士・司法書士といった専門職の成年後見人を選任する必要性が高い場合もあり（前掲「成年後見制度－利用をお考えのあなたへ－」10頁）、仮に申立者にこのような専門家の知り合いがいない場合には、人選を裁判所に委ねることも考えられます。

なお、非同居親族自身を成年後見人候補者として申立てを行うことも可能ですが、その場合も裁判所が一切の事情を考慮し他の者を成年後見人に選任する可能性があることは、〔23〕において解説したとおりです。

（３）　成年後見人選任後の流れ

後見開始の審判がなされ専門職後見人が選任された場合、当該後見人は成年被後見人本人との面談等を通じて生活状況や今後の希望等を確認するとともに、財産目録及び収支予定を作成し、後見事務を開始します（民861①、前掲「成年後見制度－利用をお考えのあなたへ－」10頁）。

また、専門職後見人選任後、不適切なものと疑われた過去の財産支出について何らかの解決が見られ、もはや専門職後見人の関与が不要となったような場合には、日常生活に必要な金銭以外の金銭を信託財産又は特別な預貯金として金融機関に管理させる後見制度支援信託ないし後見制度支援預貯金の制度を利用した上で、専門職後見人は辞任し親族後見人が後見業務を引き継ぐという対応もあり得ます（前掲「成年後見制度－利用をお考えのあなたへ－」11頁・12頁）。

## 〔41〕 介護や後見業務を怠る成年後見人の変更

**Case**

私の兄は、5年前に認知症が進行した父の成年後見人に選任され、兄の自宅で父を介護する傍ら、成年後見人として父の財産の管理等も行ってきました。その当時は、兄による成年後見人としての業務に問題があるといった話は聞きませんでした。

昨年、父の認知症がさらに進行し自宅での介護が困難となったことから、父が介護施設に入所することになったと兄から聞きました。今年に入り、介護施設へ父の面会に訪れたところ、施設の職員の方から、父が施設に入所して以降兄はほとんど面会に訪れることもなく、また施設の費用の支払といった事務手続も遅れがちだという話を聞きました。

兄の側にも何か事情があるのかもしれませんが、このような対応は父の成年後見人として問題があるのではないかと感じています。そのため、兄から社会福祉士等の専門家の方に成年後見人を交代してもらいたいのですが、そのようなことは可能なのでしょうか。

また、このような事情は遺産分割時に考慮されるのでしょうか。

◆ ポイント ◆

- 成年後見人に不正な行為等の後見の任務に適しない事由がある場合、当該成年後見人の解任を家庭裁判所に申し立て、新たな成年後見人の選任を求めることができます。

## 解　説

### １　成年後見人の解任事由

民法846条は、成年後見人に不正な行為、著しい不行跡その他後見の任務に適しない事由がある場合に、家庭裁判所が、成年後見監督人や成年被後見人、成年被後見人の親族等の請求により、又は職権で当該成年後見人を解任することができるものと定めています。

裁判例上、成年後見人が解任されたケースとしては、成年後見人が自身の利益を図るために成年被後見人の資産を処分等した場合のほか（大阪高決昭32・７・１家月９・７・29、宇都宮家審昭47・12・15家月25・７・51等）、成年被後見人が入院中にもかかわらずほとんど見舞いに訪れず、入院費用の支払も怠りがちであるといった事情がある場合（大阪高決昭33・７・１家月10・９・68）等があります。

### ２　成年後見人解任及び新たな成年後見人選任の手続

成年後見人の解任は、民法846条が定める申立権者が、後見開始の審判をした家庭裁判所に成年後見人解任の申立てを行い、当該裁判所が解任の審判をすることによってなされます（家事117②）。また、民法846条が定めるとおり、後見開始の審判をした家庭裁判所が、職権で成年後見人を解任することもあります。

解任により成年後見人が欠けた場合、家庭裁判所は利害関係人の請求又は職権により、新たな成年後見人を選任します（民843②）。また、解任後に成年後見人が欠ける時期が生じることを避けるため、解任の審判に先立ち新たな成年後見人を選任しておくケースもあります（民843③参照）。

また、家庭裁判所は、成年後見人の解任の審判事件が係属している場合において、成年被後見人の利益のため必要があるときは、成年後見人の解任の申立てをした者の申立てにより又は職権で、成年後見人の解任についての審判が効力を生ずるまでの間、成年後見人の職務の執行を停止し、又はその職務代行者を選任することができます（家事127①）。

## 3　成年後見人側からの辞任

民法は、成年後見人側から後見人を辞任する場合にも、成年後見人が欠けることにより成年被後見人の利益が害される可能性があることに鑑み、自由に辞任できるものとするのではなく、正当な事由があると家庭裁判所が認めた場合にのみ辞任できるものと定めています（民844）。

辞任が認められる正当な事由の例としては、成年後見人の職業上の必要から遠隔地に転居しなければならなくなった場合や、高齢や病気等の理由により成年後見人としての職務の遂行に支障が生じた場合が挙げられています（東京家庭裁判所後見センター「成年後見人・保佐人・補助人ハンドブック（Q＆A付き）」（令和4年4月版）66頁）。また、成年後見人辞任により新たな成年後見人の選任が必要となる場合には、当該辞任しようとする成年後見人は、遅滞なく新たな成年後見人の選任を家庭裁判所に請求しなければなりません（民845）。

成年後見人の辞任の許可の請求も、後見開始の審判をした家庭裁判所が管轄裁判所となります（家事117②）。

## 4　遺産分割への影響

### （1）　後見業務の懈怠に対する責任追及

民法891条各号は、相続人の欠格事由を定めていますが、本ケースのような成年後見人としての任務懈怠は、それらの欠格事由に該当するものではありません。

よって、成年後見人としての職務を十分に果たさなかった相続人も、遺産分割においては遺産を相続する権利を有します。

相続人が成年後見人としての職務を十分に果たさなかったことにより、被相続人に財産的な損害が発生した場合（例えば入所していた施設から費用の延滞に伴う延滞金を請求されたような場合)、被相続人は当該相続人に対し、不法行為ないし債務不履行を理由として損害の賠償を請求することができます。

当該損害賠償請求権は、相続において遺産の一つとして取り扱われるため、他の相続人は、成年後見人であった相続人に対し、自身の相続分に応じて当該損害賠償請求権を行使することができます（実際の手続としては、遺産分割において当該損害を考慮し、成年後見人であった相続人の相続分を減額するという対応をとることが多いです。)。

他方、被相続人に財産的な損害が発生していない場合、成年後見人であった相続人に対する被相続人の損害賠償請求権（慰謝料請求権）の存在が認められるハードルは高く、また仮に認められたとしても、損害額としては数万円から数十万円程度しか認められない可能性が高いです。

（2）　寄与分の主張と後見業務の懈怠との関係

本ケースの場合、成年後見人を務めていた相続人から他の相続人に対し、被相続人に対する（施設入所までの）介護行為を理由とする寄与分が主張されることが想定されます。

この点、〔1〕等において述べたとおり、寄与分とは相続人の貢献により遺産の維持又は増加が生じた場合に認められるものであるところ、被相続人が施設に入所して以降の時期において相続人が成年後見人としての職務を果たさなかったという事情は、施設に入所する以前の時期における当該相続人の貢献の有無・程度やそれによる遺産の維持・増加の有無を左右する事情ではありません。

よって、仮に、施設入所までの当該相続人の介護行為が寄与分を認めるに足りるほどの内容であった場合には、成年後見人としての職務の懈怠についての主張が他の相続人からなされたとしても、寄与分の主張に対する有効な反論とはなりません。

## 〔42〕 任意後見契約締結後の法定後見申立て

**Case**

私の兄は、５年前から父の自宅で父と同居し、高齢である父の生活の面倒を見てきました。父からは、この間次第に物忘れが多くなってきたことから、兄の勧めに従い、兄を任意後見人とする任意後見契約書を公証役場で作成したという話を聞きました。

今年に入り、父に認知症の症状が現れたことから介護施設に入所することになったのですが、入所手続の手伝いのために父の自宅を訪れた際、たまたま父の預金通帳を見たところ、昨年頃から何回か兄名義の預金口座に数百万円が振り込まれていました。このお金の使い道について兄を問いただしたものの、父の了解は得ているの一点張りで、具体的な答えは返ってきませんでした。

兄は、父の任意後見人として業務を開始すべく手続を進めているようですが、私としては、兄に父の資産管理を任せることに不安があり、中立的な第三者の方に成年後見人になってもらいたいと考えています。そのようなことは可能なのでしょうか。また、このような事情は遺産分割時に考慮されるのでしょうか。

◆ ポイント ◆

・任意後見契約が締結され登記された後は、本人の利益のために特に必要があると認められる場合に限り、家庭裁判所は後見開始の審判を行い成年後見人を選任することができます。

## 解　説

### 1　法定後見制度と任意後見制度との関係

任意後見契約に関する法律10条１項は、「任意後見契約が登記されている場合には、家庭裁判所は、本人の利益のため特に必要があると認めるときに限り、後見開始の審判等をすることができる。」と定めています。

〔23〕において解説したとおり、任意後見契約は公正証書により締結しなければならず（任意後見３）、締結後は公証役場からの届出により登記がなされるため（「成年後見登記申請について」（東京法務局HP））、任意後見契約が一たび締結されると、「本人の利益のため特に必要があると認めるとき」を除いて、家庭裁判所は後見開始の審判を行うことができないということになります。

他方、本人が既に後見開始の審判を受けて成年後見人が選任されている場合であっても、任意後見受任者等は任意後見監督人の選任を家庭裁判所に求めることができ、裁判所は「本人の利益のため特に必要があると認めるとき」を除いて任意後見監督人を選任することになります（任意後見４①二）。そして、その場合、既にされた後見開始の審判は取り消されることになります（任意後見４②）。

これらの定めから分かるとおり、任意後見制度は、原則として法定後見制度に優先するものとされています。

### 2　「本人の利益のため特に必要があると認めるとき」

他方、上記のとおり、「本人の利益のため特に必要があると認めるとき」には、任意後見契約の登記がなされている場合であっても、家庭裁判所は例外的に後見開始の審判を行うことができるものとされています。

過去の裁判例上、「本人の利益のため特に必要があると認めるとき」に該当すると認められたケースとしては、任意後見人が被後見人名義の預金口座から使途不明の出金をしており、療養看護も介護施設任せにしていたケース（大阪高決平24・９・６家月65・５・84）、任意後見人が代表を務める法人と被後見人との間に金銭貸借関係があり両者の利害が対立しているケース（福岡家審平28・10・27判時2372・51、及びその抗告審である福岡高決平29・３・17判時2372・47）、被後見人が行った法律行為に対する取消権のない任意後見制度では本人の保護に欠けると判断されたケース（水戸家審令２・３・９判タ1480・253）等があります。

### ３　任意後見契約締結後の法定後見開始の手続

任意後見契約が締結され登記がなされている場合であっても、本人やその配偶者、四親等内の親族等は後見開始の申立てを行うことができ（民７）、申立後の審理において「本人の利益のため特に必要があると認めるとき」に該当するか否かが判断されます。そして、仮に当該要件を充たすと判断された場合には、家庭裁判所は、後見開始の審判及び成年後見人選任の審判を行います。

その際、仮にその時点で既に任意後見監督人が選任され任意後見契約が発効していた場合には、上記後見開始の審判により当該任意後見契約は終了することになります（任意後見10③）。

他方、後見開始の審判の時点で任意後見監督人が選任されていない場合、任意後見契約はなおも有効に存続し、その後に任意後見監督人の選任が請求されることもあり得ますが（任意後見４①二参照）、「本人の利益のため特に必要があると認めるとき」に該当する事由が消滅していない限り請求が却下される可能性があるほか（任意後見４①二）、成年後見人は被後見人を代理して任意後見契約を解除することも可能です（任意後見９①）。

## 4　遺産分割への影響

相続人が任意後見人としての職務を懈怠したことが後日の遺産分割において与える影響については、基本的には〔41〕において法定後見人に関し述べたところと同様です。

本ケースの場合、任意後見人を務めていた相続人に使途不明金の疑いがあるものの、当該相続人は被後見人の了承を得たとして私的な費消を認めていないため、他の相続人としては、遺産分割手続とは別で当該相続人に対する訴訟手続等を提起し、使途不明金の存否を明らかにしていく必要があります。

使途不明金の遺産分割における取扱いについての詳細は、〔34〕を参照してください。

# 第4　介護と遺言

## 〔43〕 介護者に有利な遺言を書かせていることが疑われる場合の対応①（存命）

**Case**

父が要介護状態になり、近くに住んでいる長男である兄が父の面倒を見ています。私は、兄が父の面倒を見ていることをいいことに、相続で自分が有利になるような遺言を書かせているのではないかと疑っています。父に遺言を書いたか聞くと書いていないと言うのですが、最近は認知症が進んできているので、本当は遺言を書いていたのに覚えていないという可能性もあるのではないかと思います。

父が存命中に遺言を書いているのか調査をすることはできますでしょうか。

◆　ポイント　◆

- 遺言者の存命中は、第三者が、本人が遺言を書いているのか否かを調査する方法はありません。
- 遺言者本人であれば、公正証書遺言の有無や、法務局に自筆証書遺言を預けていないかを生前に調査することができます。
- 本人が遺言は書いていないということであれば、新たに遺言を書いてもらうという方法もあります。

## 解　説

### 1　公正証書遺言について

#### （1）　本人存命中の遺言検索システムの照会

〔44〕で説明するとおり、平成元年以降に作成された公正証書遺言は、全国の公証人が利用できる「遺言検索システム」で検索することが可能です。

ただ、この遺言検索は、遺言者の存命中は、遺言者本人しか申請をすることができません。

そのため、父親が遺言を作成していないかを相談者が父親に無断で検索することはできません。

#### （2）　本人に照会してもらう方法

本人が遺言書を作成した記憶がないが、もしかしたら言われるがままに遺言書を作成してしまったかもしれないので、遺言書を作成したことがあるか調べたいということであれば、本人が公証役場で手続をすれば遺言書を作成していたかの検索はできます。

もし父親が遺言書を書いているか心配ということであれば、父親に手続をしてもらい、遺言書の照会をするとよいでしょう。

### 2　法務局に預けた自筆証書遺言について

作成したのが公正証書遺言ではなく、自筆証書遺言を法務局に預けているという可能性もあります（自筆証書遺言書保管制度）（遺言保管1）。

法務局でも、遺言者の生前は、遺言者本人に限り遺言書の閲覧が可能です。なお、遺言書の閲覧は第三者に委任できないとされているため（遺言保管6④）、遺言者本人が法務局に赴き閲覧をする必要があります。

### 3　その他の自筆証書遺言

公正証書遺言でもなく、自筆証書遺言書保管制度も利用していないという場合、自筆証書遺言を探すのは困難です。本人の自宅の引き出しの中や貸金庫、金庫を調べることになるかと思いますが、本ケースのように長男が働きかけて自筆証書遺言を書いてもらったという場合、作成した遺言は長男が保管しており本人の手元にはないという可能性もあります。

### 4　新たな遺言を書いてもらうという方法

〔27〕で解説しているとおり、認知症だからといって直ちに遺言を書けなくなるわけではありません。遺言能力と行為能力は別物とされており、たとえ行為能力がなくても有効な遺言を書けるということはあります。

遺言は、いつでも撤回できますし（民1022）、新たに書いた遺言が前に書いた遺言の内容と抵触した場合は前に書いた遺言が撤回されたものとみなされます（民1023①）。

既に遺言を書いているかもしれないという場合であって、本人にまだ遺言能力があるのであれば、遺言を探すよりも新たに遺言を書いてもらう方が早いし確実です。

父親が遺言を書いた覚えはないと言っているのであれば、例えば、知らないうちに遺言があった場合に備えて、改めて兄弟は均等に相続するという内容で遺言を書いてほしいと頼んでみて、新たに遺言を書いてもらうという方法がよいと考えます。

## 〔44〕 介護者に有利な遺言を書かせていることが疑われる場合の対応②（死後）

**Case** 父が死亡しました。生前は長男である兄が父親の介護をしており、父の死亡直前は私はほとんど会う機会がありませんでした。葬儀の後に兄に遺産の話をしたところ、その話はまた今度ゆっくりと言われたまま、いつまで経っても兄から遺産分割の話がでません。

私は、父が遺言を書いており、兄はそれを私に隠しているのではないかと疑っています。父が遺言を書いていたか探す方法があれば教えてください。

◆ ポイント ◆

・公正証書遺言の有無は、公証役場で調べることができます。
・自筆証書遺言を法務局に預けているかは、法務局で調べることができます。
・登記が変更された場合、登記申請書類を閲覧することができます。

### 解　説

#### 1　公正証書遺言の探し方

（1）　遺言検索システム

平成元年以降に作成された公正証書遺言については、全国の公証人が利用できる「遺言検索システム」により調べることができます。

遺言検索システムは全国共通のシステムなので、どこの公証役場で遺言を作成したかが分かっていなくても、近隣の公証役場で申請をすれば、全国の公証役場で公正証書遺言を作成していたかを調べてもらえます。

遺言検索だけであれば手数料はかかりませんが、遺言の謄本をもらうには手数料がかかります。

（2）　遺言者死亡後は利害関係人は利用可能

〔43〕で述べたとおり、遺言者の存命中は、遺言者本人以外は遺言の存否を確認することはできません。

しかし、遺言者が亡くなった後であれば、利害関係人、具体的には相続人、受遺者、遺言執行者、相続財産清算人などは公正証書遺言の検索をすることができます。

利害関係人が遺言検索をするには、遺言者の死亡を証する除籍謄本のほか、申請者と遺言者の関係を証する資料、免許証などの本人確認書類、印鑑が必要となります。相続人であれば、利害関係を示す資料として戸籍の全部事項証明書などを示して、自身が相続人であることを明らかにすることになります。

昭和63年以前に作成された公正証書遺言を探したい場合、故人の自宅周辺の公証役場に個々に問合せをする必要があります。

公証役場の場所は、日本公証人連合会のホームページで検索することができます。

（3）　遺言があった場合

遺言検索により公正証書遺言が存在すると、保管場所となっている公証役場や遺言の作成年、証書番号が開示されます。

利害関係人が、公正証書遺言が保管されている公証役場に対して、遺言書の謄本の交付を請求すれば、遺言の内容を知ることができます。なお、平成31年4月1日からは、郵送で取得することも可能になりました。これにより遠方の公証役場に遺言が保管されていた場合、遺言の取り寄せが簡易になりました。

## ２　自筆証書遺言の探し方

### （１）　法務局の場合

#### ア　自筆証書遺言書保管制度

令和２年７月から法務局で自筆証書遺言を預かるという自筆証書遺言書保管制度が始まりました。

故人が自筆証書遺言書保管制度を利用して自筆証書遺言を法務局に預けていたかについて、相続人や受遺者、遺言執行者などの立場にある人（相続人等といいます。）は、全国の遺言書保管所（法務局）で調査をすることが可能です。

#### イ　遺言があった場合

相続人等は、遺言書の内容の証明書の交付を請求したり、遺言書の原本の閲覧、遺言書のモニターによる閲覧をすることができます。

なお、遺言書保管官は、遺言書情報証明書を交付し又は相続人等に遺言書の閲覧をさせたときは、当該遺言書を保管している旨を遺言者の相続人、受遺者及び遺言執行者に通知することになっています（遺言保管９⑤）。

### （２）　金融機関の貸金庫の場合

金融機関との間の貸金庫契約は、「当該貸金庫の場所（空間）の賃貸借」とされます（最判平11・11・29民集53・８・1926）。

死亡によって賃貸借契約は当然に終了しませんので、貸金庫契約上の地位は相続人全員で準共有されていることになります。

このように貸金庫契約上の地位は、相続人全員で準共有している状態ですので、相続人全員の同意があれば、遺産分割未了の間であっても、金融機関は貸金庫の内容物を確認させてくれます。

他方で、相続人全員の同意が得られない場合、内容物の確認が拒否されることもあります。

この点、一部の相続人のみからの内容物の確認であっても、貸金庫内にどのような遺産があるか分からなければ、相続をするかしないかの判断ができない場合もあり得ます。そのため、相続人の遺産の調査権（民915②）に基づき、貸金庫の内容物を確認できてもよいとも思えます。しかしながら、多くの金融機関では、トラブル防止の観点から、全相続人の同意を要求することが多いのが現状でしょう。

### 3　既に不動産の名義変更がされている場合の探し方

親を介護していた相続人が、親が亡くなった後も事実上遺産を管理しており、いつまで経っても連絡がないという場合、遺言が存在して既に親が所有していた不動産の名義変更がされていることもあります。遺産を管理している親族からいつまでも連絡が来ないという場合、親が所有していた不動産の登記（全部事項証明書）を取得してみてください。登記を確認したところ、不動産の所有権が相続により父から他の親族に移転されていた場合は、遺言書がある可能性が高いです。

従前は利害関係があれば登記申請書の閲覧が認められていましたが、改正により令和５年４月以降は「正当な理由」が必要となりました（不登121③）。

相続人は、正当な理由があることを示せば登記申請書の閲覧が可能となります。正当な理由として考えられるのは、例えば、「遺産分割協議を経ずに登記が変更されており、遺産分割協議書の偽造が疑われる。そのため、遺産分割協議書の偽造の有無を調査するために登記申請書の閲覧をする必要がある。」などといったものが考えられます。

正当な理由を認めてもらえるかは、事前に法務局に照会することができますので、閲覧に行く前に法務局に確認をしておいた方がよいでしょう。

登記申請書を閲覧し､その添付書類として遺言が提出されていれば､遺言の内容を知ることができます。登記申請書はコピーを取ることはできませんが、写真を撮ることは認められています。登記申請書類の閲覧に行く際は、デジカメやスマートフォンなど撮影ができるものを持参して行ってください。

コラム

**○全相続人の同意を得ない貸金庫の開扉**

解説に書いたとおり、金融機関の貸金庫の内容物の確認は、全相続人の承諾を要求されることが多いです。ただ、相続人の人数が多い、相続人の一部が行方不明などの事情により相続人全員の承諾が直ちにもらえず、貸金庫の開扉に時間がかかってしまうということもあります。

そのような場合、相続人に遺産調査権（民915②）があることを説明し、金融機関と交渉をしてみてください。

その際、金融機関職員の立会い、弁護士の立会い、公証人を立ち会わせて内容物の確認について事実実験公正証書を作成する（公証35）など内容物の持ち出しがされないような条件を付けると、貸金庫の開扉を認めてもらえることもあるので、交渉の際に、こちらから条件を提示してみてもよいでしょう。

## 〔45〕 遺言能力が疑われる場合の対応

**Case**　父は生前アルツハイマー病の診断を受け、兄の手配で2年ほど施設に入居していました。この度父が亡くなったのですが、公正証書遺言を作成しており全ての財産を兄に相続させるという遺言内容でした。

確かに父が入居していた施設への面会は兄の方が行っていましたし、いろいろな手続も兄が行っていました。しかし、私もたまには面会に行っており、父が元気だった頃は「兄弟に平等に相続させるから兄弟で仲良くするように」と言っていました。兄だけが全てを相続するという遺言内容には納得できません。遺言書は入居していた施設で作成されており、公証人との遺言案文作成のやり取りも全て兄がやっていたようです。兄がアルツハイマー病の父を誘導して遺言を書かせたのですから、この遺言は無効になるのではないでしょうか。

### ◆ ポイント ◆

・遺言能力と行為能力は別物なので、行為能力がなくても遺言能力があるというケースはあります。

・遺言能力を争うためには、診療記録の取り寄せや遺言作成経緯について調査をする必要があります。

### 解　説

#### 1　遺言能力の判断要素

〔27〕で述べたとおり、遺言能力と行為能力は別物であり、遺言能力

の有無は、病気や精神状態だけでなく、「遺言の内容、遺言者の年齢、病状を含む心身の状況及び健康状態とその推移、発病時と遺言時との時間的関係、遺言時と死亡時との時間的間隔、遺言時とその前後の言動及び精神状態、日頃の遺言についての意向、遺言者と受遺者との関係、前の遺言の有無、前の遺言を変更する動機・事情の有無等遺言者の状況を総合的に見て」、判断されます（東京地判平16・７・７判タ1185・291）。

## ２　遺言能力を争うための準備

### （１）　診療記録等

遺言能力は病気や精神状態などだけで判断されるわけではないですが、やはり一番重要な要素は認知症などの病気の有無といえるでしょう。

そのため、病歴などを調査するために、受診していた医療機関の診療記録や薬の処方歴、介護施設の行動録や介護保険の認定調査票などを取り寄せるとよいでしょう。長谷川式などの認知症テストをしている場合やCTデータで脳が萎縮しているような場合、認知症の程度の有力な証拠となります。

受診していた病院が分からない場合は、加入していた健康保険組合に利用履歴を照会すると受診していた病院が判明します。

### （２）　遺言作成の経緯

公正証書遺言には、作成した公証人、証人が記載されています。公証人や証人に連絡をとり、遺言作成の経緯、誰が公証人とやり取りをしていたか、当日のやり取りがどのようになっていたかを教えてもらえないか尋ねてみるとよいでしょう。ただ、公証人や証人は、自らが作成に関与した遺言ということもあり、遺言能力には問題がなかったという回答をしやすいので、そこは割り引いて受け止める必要があります。また、遺言作成経緯について、回答をしてくれるのであれば、遺言作成時の本人確認の際に、氏名や住所、生年月日を本人に尋ねて本人の言葉で回答させていたかなどを尋ねてもよいでしょう。

ほかに、公証人が遺言作成時に作成した手控えや遺言能力確認の方法などを尋ねることも考えられます。公証人の聴取記録、面談記録、執務記録などを弁護士会照会で取り寄せるなどの方法も考えられます。

この点、「民法の一部を改正する法律等の施行に伴う公証事務の取扱いについて（通達）」(平12・3・13民一634) において、一般の遺言公正証書の作成においても、本人の事理を弁識する能力に疑義があるときは、遺言の有効性が訴訟や遺産分割審判で争われた場合の証拠の保全のために診断書等の提出を求めて証書の原本とともに保存し、又は本人の状況等の要領を録取した書面を証書の原本とともに保存するものとするとしています。既に介護施設に入居しているような事案の場合、公証人に対して、本人の状況等の要領を録取していたかなどを確認してもよいでしょう。

## 〔46〕 公序良俗に反するような遺言が残されていた場合の対応

**Case** 先日、叔父が亡くなりました。叔父は独身で、軽度の認知症だったということもあり、介護施設に２年前から入居していました。叔父には数億円の資産があり、私も甥として相続人になるかと思っていたところ、叔父は生前に遺言を書いており、全ての遺産を入居していた介護施設の担当職員に遺贈するという内容でした。認知症は軽度ではあったので遺言能力はあったと思うのですが、担当職員に数億円もの遺産を全てあげるという遺言を書くとは思えず、担当職員が叔父に対して、自分に遺贈するとの遺言を書くように誘導したのではないかと疑っています。何か争う方法はあるものでしょうか。

◆ ポイント ◆

・遺言能力があったとしても、遺言内容や遺言作成経緯から遺言が公序良俗違反として無効になることはあります。

### 解　説

#### 1　遺言が公序良俗違反となったケース

大阪高裁平成26年10月30日判決（平25（ネ）1687）は、顧問弁護士が、高齢及びアルツハイマー病により判断能力が減少していた依頼者が、全財産をその弁護士に遺贈するという内容の遺言作成に関与していたという事案で、遺言能力はあるとしながらも、遺言による遺贈は公序良俗に違反して無効という判断をしています。

主な判断要素としては、以下のとおりです。

①　判断能力が減退していたこと

遺言書作成当時既に87歳という高齢で、ひどい物忘れや、短期記憶力の低下等アルツハイマー病の初期症状が始まっていたこと。認知症の患者が、目の前の人の言うことが全てという考えに陥りやすく、他者に迎合しやすい傾向が一般に認められる。特に、遺言作成者は天涯孤独であると日頃から考えており、そのような状況の中、弁護士資格を有し、種々の相談に乗ることができたので影響を非常に受けやすい状態にあった。

②　関与が不適切であったこと

遺言者の判断能力や思考力、体力の衰えや同人の孤独感などを利用して、依頼者の真意の確認よりも自己の利益を優先し、弁護士としてなすべき適切な説明や助言・指導などの措置をとっておらず、かえって誘導ともいえる積極的な行為に及んでおり、著しく社会正義に反する。

③　関係に比して不当な利益であること

遺言者から遺贈を受けた金額は、５億円以上にのぼる。顧問弁護士としての関係は３年程度であり、明らかに合理性を欠く不当な利益を得るものである。

## ２　介護施設の職員の場合はどうか

介護施設の担当職員個人に数億円を遺贈するという必然性もそこまでないでしょうし、軽度とはいえ認知症であれば判断能力が減退していた可能性はあります。介護職員も介護の専門職ですので、入居者の判断能力や孤独感については専門的な知見を有していると思います。そのため、遺言作成への関与の仕方によっては、公序良俗違反により無効となることもあり得ます。

なお、〔37〕に記載した身元保証会社への死因贈与が公序良俗違反により無効になった事例も参考になります。

# 第５　介護の約束をめぐる問題

## 〔47〕　介護の約束を守ってもらうための方法

**Case**　私の両親は、今年で70歳になります。二人とも要介護認定などは受けていないものの、次第に足腰が弱くなり、日常生活に困難を感じる場面が増えているようです。

先日、両親から、私の兄夫婦が来年から両親を引き取って介護をすることを申し出てくれたと聞きました。両親としては、実際に兄夫婦が介護をしてくれるのであれば、相続で兄が優遇されるよう遺言書を作成することも検討しているという話も聞きました。

私を含め、兄以外の兄弟は皆遠方に住んでおり両親の介護をすることが難しいので、兄夫婦が両親の介護をしてくれるのはありがたいですし、相続で兄が優遇されることにも異存はありません。ただ、遺言書が作られた後に兄夫婦が約束を反故にしてしまうようなことがあっては困ります。

兄夫婦にできる限り約束を守ってもらうようにするために、両親にはどのようなアドバイスをするべきでしょうか。

◆　ポイント　◆

・介護の約束をした場合、たとえ親族間であっても口頭での約束に留めず、介護契約という形で契約書を作成することが重要です。
・介護してもらうことの対価として、相手方に資産を贈与したり、自身の死亡時に相手方に遺産を遺贈することを約束した場合には、負担付贈与や負担付死因贈与、負担付遺贈を行うことも考えられます。

## 解 説

### 1 介護契約の締結

親族や知人との間で、自身や家族の介護をしてもらうことを約束した場合、その内容を契約書という形で書面化しておくことが重要です。

たとえ親族間であっても、介護についての約束（合意）なしに当然にお互いを介護する義務を負うものではなく（〔51〕参照）、また介護についての約束がされていても口頭だけでの約束で書面が作成されていないと、後日約束の内容が守られなかった場合に、約束をしたことや、約束の内容を証明することが困難となるためです。

また、介護を行う側にとっても、契約書を作成しておくことは、どのような内容の約束をしたか（介護の内容や期間・頻度、報酬の有無等）をめぐって、後日被介護者やその親族等とトラブルになることを避けるために有用です。

契約書に盛り込む内容については、特に法律上の定めがあるわけではありませんが、上記介護の内容・期間・頻度や報酬の有無は、後日トラブルになりやすい点であると考えられるため、できる限り具体的に定めておくのが望ましいといえます。

特に報酬については、介護の約束に関する契約は民法上の準委任契約（民656）に該当するケースが多いと思われるところ、準委任契約では報酬についての合意がない場合は無報酬とされるため（民656・648①）、報酬の支払を予定している場合には明確に定めておく必要性が高いといえます。

さらに、契約書を公正証書の形で作成しておけば、契約当時の被介護者の意思能力（〔40〕参照）の有無をめぐって後日紛争が生じる可能性を低下させることができます。

## ２　負担付贈与又は負担付遺贈の活用

被介護者と被介護者の親族や知人との間で介護の約束がなされる場合、相続税対策等の観点から、介護をしてもらうことに対する対価として報酬を支払うのではなく、被介護者の資産を介護者に贈与したり、被介護者の相続発生時（死亡時）に遺産の全部又は一部を介護者に遺贈する形がとられるケースもしばしば存在します。

そのようなケースにおいて、介護の約束が遵守されることを確保するためには、資産を単純に贈与又は遺贈するのではなく、介護を行うことを負担の内容とする負担付贈与（民553）や負担付死因贈与（民554）、負担付遺贈（民1002）の制度を利用することが考えられます。

負担付贈与や負担付死因贈与の場合、相手方が介護を行わない場合には負担の不履行を理由として契約を解除することができますし（民553・541）、負担付遺贈の場合、相手方が負担を履行しない場合には相続人が遺言の取消しを家庭裁判所に請求することができます（民1027）（〔48〕参照）。

なお、これらの契約書や遺言書を公正証書により作成することが望ましいことは、介護契約について述べたところと同様です。

## 〔48〕 介護の負担付遺贈の不履行

**Case**

昨年、私の父が亡くなりました。父は生前に遺言書を作成しており、その中に「長男に私の所有する自宅の土地建物を遺贈する。」「その代わり、長男は、自宅建物に私の妻を無償で居住させ、妻の介護をしなければならない。」という記載がありました。

この遺言に従い、父の自宅には長男である兄名義の登記がされましたが、その後間もなく兄は母を介護施設に入所させ、ほとんど面会にも訪れなくなってしまいました。

母を介護するという父の遺言を反故にしたにもかかわらず、兄が父の自宅を取得するというのは納得がいきません。何か対応策はありませんでしょうか。

### ◆ ポイント ◆

・負担付遺贈の受遺者が負担を履行しない場合、遺言者の相続人や負担の利益を受ける者は、受遺者に対して負担の履行を催告した上で、それでもなお履行しない場合には家庭裁判所に遺言の取消しを請求することができます。

### 解　説

#### 1　負担付遺贈について

負担付遺贈とは、受遺者に対し一定の義務を負担させる遺贈をいいます（民1002）。

同様に、譲受人に一定の義務を負担させつつ資産を譲渡する法律行為として、負担付贈与（民553）がありますが、負担付贈与が契約の一種であり贈与者と受贈者との間の合意により成立するのに対し、負担付遺贈は遺言における法律行為の一種であり、遺言者の単独行為であるという違いがあります。

また、負担付贈与や負担付遺贈における負担は、贈与や遺贈の停止条件（負担が履行されて初めて贈与や遺贈の効力が発生するもの）ではなく、仮に受贈者や受遺者が負担を履行しなくても贈与や遺贈の効力は発生します（後述する民法1027条はこのことを前提とする規定です。）。

## 2　負担の履行請求

負担付遺贈の受遺者が負担を履行しない場合、遺言者の相続人は、受遺者に対し相当の期間を定めて負担を履行するよう催告することができます（民1027）。

民法1027条は、相続人の受遺者に対する負担の履行請求権を認めた条項と解されており、遺言者の相続人は、同条に基づき受遺者に対して負担を履行するよう求める訴訟を提起することもできます（東京地判平30・1・18判タ1463・201参照）。

さらに、負担の履行により利益を得る受益者も、遺言者の相続人であるか否かにかかわらず、受遺者に対して負担の利益享受の意思表示をすることにより、民法537条2項の類推適用により受遺者に対する負担の履行請求権を取得すると解されています（前掲東京地判平30・1・18）。

## 3　負担付遺贈の取消請求

### （1）　取消請求の意義

上記のとおり、遺言者の相続人や負担の受益者は、受遺者に対して負担付遺贈にかかる負担の履行を請求することができます。

もっとも、〔50〕において解説するとおり、介護をはじめとする人の行為を内容とする負担の場合、仮に負担の履行請求を認める判決を得たとしても、強制執行手続によって受遺者に対し負担を履行することを物理的に強制することはできません。

また、負担の不履行を理由とする契約解除が可能である負担付贈与（民553・541以下）と異なり、負担付遺贈は遺言者による単独行為であって契約ではないため、民法541条以下の規定を根拠に解除することもできません。

そこで、民法は、相続人による催告がなされてもなお催告期間内に負担が履行されない場合には、相続人が家庭裁判所に対して負担付遺贈にかかる遺言の取消しを請求することができるものと定めています（民1027）。

（２）　取消請求の手続

負担付遺贈にかかる遺言の取消しの請求は、家事事件手続法別表第１第108項が定める審判手続として、相続開始地を管轄する家庭裁判所に申立てを行います（家事209①）。

申立てがなされると、家庭裁判所は、受遺者及び負担の利益を受けるべき者の陳述を聴取した上で、審判を行います（家事210①二）。

（３）　審判手続における審理内容

負担付遺贈にかかる遺言の取消しの審判において、裁判所がどのような事情を考慮して審判を行うべきかについては、民法上特に定めはありません。

この点、過去の裁判例では、受遺者からの負担の履行がなかったならば遺言者は遺贈をしなかったといえるか否か（東京家立川支審平30・1・19家判23・115）や、負担の不履行について受遺者の責めに帰すべき事由があるか否か（仙台高決令２・６・11判タ1492・106）といった事情が考慮されています。

（４）　取消しの効果

負担付遺贈にかかる遺言の取消しを認める審判がなされた場合、当該負担付遺贈は初めから無効であったものとみなされ（民121）、負担付遺贈の対象とされていた遺産は相続人に帰属し（民995）、改めて当該遺産についての遺産分割がなされることとなります。

## 〔49〕 介護を定めた遺産分割の不履行

**Case**　昨年、私の父が亡くなりました。相続人は母と私を含めた兄弟三人であり、相続人間で遺産分割協議を行った結果、長男である兄が高齢の母と同居し介護を行う代わりに、父名義の自宅土地建物を含む遺産の大部分を兄が相続することで合意しました。

その後、父の自宅には兄名義の登記がされましたが、その後間もなく兄は母を介護施設に入所させ、ほとんど面会にも訪れなくなってしまいました。

母を介護するという遺産分割協議での合意内容を反故にしたにもかかわらず、兄が父の自宅を取得するというのは納得がいきません。何か対応策はありませんでしょうか。

### ◆ ポイント ◆

- 遺産分割協議において特定の相続人が何らかの債務を負担することが合意された場合において、当該債務が履行されなかったとしても、他の相続人は民法541条等の債務不履行に関する規定を根拠に遺産分割協議を解除することはできません。
- 他方、遺産分割協議において相続人の一部に錯誤が生じていた場合には、民法95条や民法96条に基づく遺産分割協議の取消しが認められる可能性はあります。
- 相続人全員の合意により当初の遺産分割協議を合意解除し再度分割することも可能ですが、その場合再分割に伴い贈与税が発生する可能性があります。

## 解　説

### 1　遺産分割協議における債務負担の合意

民法上、遺産分割協議において行うことのできる合意の内容について、制限等を設ける定めは存在しません（民906以下）。

よって、遺産分割協議において、例えば一部の相続人が他の相続人に対し一定の債務（介護を行うべき債務）を負う代わりに、当該相続人が遺産の大部分を相続する、といった合意を行うことも可能です。

### 2　債務不履行を理由とする遺産分割協議の解除の可否

遺産分割協議において一部の相続人が負うものとされた債務が履行されない場合において、当該債務不履行を理由として遺産分割協議を解除することはできないものとされています（最判平元・2・9民集43・2・1）。

そのため、本ケースにおいても、介護をする義務の不履行を理由として民法541条以下の規定に基づく遺産分割協議の解除を行うことはできません。

### 3　錯誤又は詐欺を理由とする遺産分割協議の取消しの可否

他方、遺産分割協議において一部の相続人に錯誤があったり、当該錯誤が他の相続人等により引き起こされたものである場合であって、民法95条ないし民法96条の定める要件を充たす場合には、これらの規定を根拠として遺産分割協議を取り消すことが可能です（改正前民法95条が遺産分割協議にも適用される旨を判断した最判平5・12・16裁判集民170・757、改正民法95条に基づく遺産分割協議の取消しを認めた東京高判令6・3・14（令5（ネ）4811）等）。

仮に遺産分割協議の取消しが認められた場合、従前成立していた遺産分割協議は遡って無効となり（民121）、相続人らは改めて遺産分割協議をやり直すことになります。

### ４　遺産分割協議の合意解除の可否

その他、債務を履行していない相続人も含めた相続人全員の合意により、既に成立した遺産分割協議を解除して改めて遺産分割協議を行うことも可能です（最判平２・９・27民集44・６・995）。

もっとも、上記のとおり遺産分割協議の合意解除には相続人全員による合意が必要なため、冒頭の事例のようなケースでは債務を履行しない相続人の同意が得られず、合意解除を行うことができない場合が多いと考えられます。

加えて、合意解除により改めて遺産分割協議を実施した場合、それによる遺産の再配分には贈与税が課される可能性があり（相基通19の２－８）、税務上の観点からも遺産分割協議の合意解除にはハードルが存在します。

### ５　その他の対応方法

これまで述べてきたような、遺産分割協議を改めてやり直すという対応のほかに、従前の遺産分割協議の結果は維持した上で、債権者から債務者に対して債務の履行を請求する訴訟を提起するという対応も可能です。

もっとも、介護を行うことを内容とする債務の場合、履行請求を認める判決を得たとしても、債務者に対し強制執行によって介護を行うこと自体を強制することはできません。

また、介護を行うことを内容とする債務の場合であって、債権者が要介護状態にあるような場合には、債務者を相手方として扶養料の請求を行うことも考えられます（民879、家事182以下）が、この場合も請求することができるのは扶養料すなわち金銭の支払であって、扶養の内容として債務者が債権者を引き取って介護すること（いわゆる引取扶養）を請求することはできません。

介護の履行請求については〔50〕、引取扶養の請求については〔51〕を参照してください。

## 〔50〕 介護の履行請求

**Case**

昨年、私の父が亡くなりました。父は自宅の土地建物のほか相当額の預金や金融資産を保有しており、相続人である母と兄と私で協議した結果、自宅は母が相続し、預金や金融資産の大部分は兄が相続する代わりに、兄が母の自宅で同居し母の介護をする義務を負う、という内容の遺産分割協議書を作成しました。

その後、数か月間は兄夫婦が母の自宅で母の介護をしてくれていたのですが、兄の妻と母の性格が合わず、また母の自宅から兄の勤務先への通勤にも時間がかかるとのことで、兄から同居を解消し介護施設に入所してもらえないか、という打診が母に対してなされました。

私は足腰を弱くしており、母の介護はできず、母も今さら父の遺産分割協議をやり直す気持ちはないようですが、介護施設に入ることにも抵抗があるようで、兄夫婦に介護をしてもらいたいと考えているようです。何か方法はないのでしょうか。

### ◆ ポイント ◆

- 介護をする義務は、不代替的作為義務と解されるため、仮に履行を請求する訴訟を提起し判決を得たとしても、強制執行により介護を行うことを直接強制したり、代替執行することはできません。
- 介護をする義務の内容に不明確・抽象的な点がある場合には、間接強制の方法による強制執行も認められないと考えられます。

## 解　説

### 1　介護を行う義務の履行請求の可否

遺産分割協議等において親族間で介護を行うべき義務が定められた場合、当該定めは介護を受けるべき者を債権者、介護を行うべき者を債務者とする、介護という作為をすることを内容とする債権債務を生じさせるものといえます。

このような一定の作為をすることを内容とする債権債務も、民法上の債権債務として有効に成立するため（民399参照）、債権者は債務者に対し、債務の履行として自身の介護を行うよう、訴訟等の裁判手続上又は裁判手続外で請求をすることができます。

### 2　介護を行う義務の直接強制及び代替執行の可否

介護を行う義務を負う債務者に対し履行を請求したにもかかわらずこれに応じず、さらに訴訟を提起し請求を認める判決を得てもなお債務者が任意に履行しない場合には、債権者としては民事執行法に基づく強制執行手続を行うことを検討することになります。

もっとも、作為を内容とする債務については、不動産の明渡しや動産の引渡し等の一部の例外を除いて、民事執行法上これを直接的に強制して履行させる執行手続（直接強制）が定められておらず（民執168～170）、直接強制の方法により執行することはできません。

また、介護という作為は、介護者と被介護者との間の一定の信頼関係を前提として行われるべきものであり、また介護者によって介護行為の具体的な内容・態様も異なる等、他人が代わりに行っても同様の結果を生じさせることのできる行為とはいえません。このような不代替的作為を内容とする義務については、民事執行法上の代替執行の手続（民執171）により執行することもできません。

### 3　介護を行う義務の間接強制の可否

他方、このような不代替的作為義務に関する強制執行手続として、民事執行法には間接強制の定めが置かれています（民執172）。

この点、離婚した夫婦間における子供との面会交流（民766）を実施すべき義務（当該義務も不代替的作為義務に当たります。）について、間接強制を行うことができるかどうかが問題となったケースにおいては、面会交流の日時又は頻度、各回の面会交流時間の長さ、子の引渡しの方法等、当該義務を負う監護親がなすべき内容が具体的に特定されていない限り、間接強制を行うことはできないとされています（最決平25・3・28民集67・3・864、最決平25・3・28裁判集民243・271）。

このような裁判例を踏まえると、介護を行うことを内容とする義務についても、介護の日時・頻度や時間の長さ、場所や方法といった具体的な内容が定められていない限り、債務の性質上強制執行になじまないものとして（民414①）、間接強制を行うこともできないと判断される可能性があります。

## 〔51〕 引取扶養の請求

**Case** 私の母は、以前から足腰が悪く、昨年父が亡くなるまでは、父の介護を受けて生活していました。生前、父と私たち兄弟は、父が亡くなった後の母の介護について話し合い、私の兄が母と同居し母の介護を行うことを約束していました。

父が亡くなった後、母と私たち兄弟で今後の母の生活についての話合いを行ったのですが、兄は、兄の妻が母の引き取りに難色を示していると言って母との同居を拒み、約束を反故にしてしまいました。

それ以降、母は訪問介護を利用して一人暮らしをしていますが、1か月当たりの利用回数に上限があるということもあり、やはり兄の家に同居させてもらい介護をしてもらいたいと考えているようです。

法律上、親族間には扶養を行う義務があると聞いたのですが、扶養として母を引き取り介護してもらうよう、兄に求めることはできないのでしょうか。

◆ ポイント ◆

・扶養の方法等については、まずは被扶養者と扶養義務者との間で協議を行い、協議が成立しない場合又は協議ができない場合に家庭裁判所へ扶養の方法等を定めるよう請求することができます。

・引取扶養については、審判例において扶養の方法として引取扶養を命じる審判が出された例もありますが、扶養義務者に長期にわたる労務の提供を強いるものとして引取扶養の請求が認められない可能性もあるほか、仮に引取扶養を命じる審判が出されたとしても、その直接強制により引取扶養を強制的に実現することはできません。そのため、介護を行う義務を履行しない相続人等に対し、引取扶養の請求を行って介護を強制するということも困難です。

## 解　説

### 1　民法上の扶養制度

民法877条１項は､直系血族及び兄弟姉妹が互いに扶養をする義務があることを定め､同条２項は､特別の事情がある場合に家庭裁判所が三親等内の親族に扶養義務を負わせることができる旨を定めています。

これら民法877条以下が定める扶養制度は、自身の資力と稼働能力では生活できない状況に陥った者（要扶養者）に対し、自身の生活に余裕があり要扶養者の生活を支援する能力を有する一定範囲内の親族が生活の支援をする義務を負い、要扶養者は自身への扶養を請求することができるというものです。

### 2　扶養請求の手続

民法は、要扶養者に対し扶養義務を負う者が複数いる場合の扶養の順位、及び要扶養者に対して行われる扶養の程度又は方法について、まずは要扶養者と扶養義務者との間での協議により決するべきであり、協議が成立しない場合又は協議をすることができない場合に、家庭裁判所がこれらを定めるものとしています（民878・879)。

これら、扶養義務の順位や扶養の程度又は方法を定める手続は、手続の相手方の住所地を管轄する家庭裁判所に申し立てる必要があり（家事182③)、審判手続に先立ち、まずは調停手続の申立てを行う必要があります（家事257・244・別表第２⑨⑩)。

扶養の程度又は方法を定める審判においては、扶養の程度又は方法が決定されるほか、扶養義務者に対して金銭の支払その他の給付が命じられることがあります（家事185)。

## ３　引取扶養の請求の可否

一般に引取扶養とは、扶養義務者が金銭の支援に留まらず要扶養者を引き取って生活の面倒を見ることをいい、民法879条との関係では扶養の方法のうちの一形態と位置付けることができます。

このような引取扶養の実施を要扶養者が希望する場合であっても、要扶養者が扶養の方法の選択権（引取扶養の請求権）を有するわけではなく、当事者間の協議や調停において扶養義務者が引取扶養に応じず合意が成立しない場合には、家庭裁判所が一切の事情を考慮して審判により扶養の方法を決定することになります（民879）。

この点、過去の審判例においては、要扶養者の希望に応じて扶養義務者に対し引取扶養を命じた例が存在する一方（大阪家審昭40・３・20家月17・７・132、仙台家審昭56・３・31家月33・12・73）、要扶養者が扶養義務者に対し時々要扶養者宅に来訪して生活の面倒を見ることを希望していた事案において、このような身上監護の方法による扶養は扶養義務者に長期にわたる労務の提供を強いることになるとして、身上監護の方法による扶養を審判で命じることはできないと判断した例も存在します（大阪家審昭59・３・31家月37・１・129）。

また、仮に家庭裁判所より引取扶養を命じる審判が出されたとしても、引取扶養を行うべき義務は扶養義務者による不代替的作為義務であるため、扶養義務者が任意に応じない場合には直接強制や代替執行の方法により強制することはできず、間接強制が認められる可能性があるのみとなります（〔50〕参照）。

これらの事情から、介護の約束を守らず介護を行う義務を履行しない相続人等がいる場合に、要介護者から当該相続人等に対し引取扶養を請求するという方法をとったとしても、介護を行う義務の履行請求をする場合と同様、介護の実施を強制することは難しいというのが実状です。

## 〔52〕 介護対象者が早期死亡した場合の対応

**Case**

私は、今年で70歳になります。私には三人の子供がいるのですが、そのうちの次男が５年前に交通事故により脳に障害を負い、要介護状態となってしまいました。

それ以降、私が次男の介護を行っていたのですが、私も次第に体力が衰え介護が辛くなってきたところ、長男が私に代わって次男の介護をすると申し出てくれました。遺産分割時に兄弟で争ってほしくないので、三男の了解も得た上で、昨年長男との間で、以後私が死亡した後も長男が次男の介護を行う代わりに、私の死後に自宅を含む私の資産の大部分を長男に贈与することを内容とする、負担付死因贈与契約書を作成しました。

その後、長男は契約どおり次男の介護をしてくれていたのですが、今年の初めに次男の容態が急変し、急逝してしまいました。

私としては、私の死後も次男に対する介護が相当長期間必要になるという想定で長男に対する負担付死因贈与契約を行ったのであり、１年にも満たない介護を行っただけで私の資産の大部分を長男が取得するというのは、三男との関係で問題があると考えています。そのため、長男に対する負担付死因贈与契約を撤回したいのですが、そのようなことは可能でしょうか。

### ◆ ポイント ◆

・死因贈与契約は、原則としていつでも撤回することが可能ですが、負担付死因贈与契約については、受贈者が負担の全部又は大部分を履行した後は特段の事情がない限り撤回はできないものとされており、介護対象者の早期死亡が当該特別の事情に該当するか否かが問題となります。
・負担付生前贈与契約や負担付遺贈、遺産分割協議の場合、民法95条の定める錯誤の存在が認められるような例外的なケースでない限り、これらを取り消すことはできないと考えられます。

## 解　説

### １　負担付死因贈与契約の撤回の可否

死因贈与契約については、民法554条により準用される民法1022条により、贈与者はいつでも自身の行った死因贈与を撤回する（取り消す）ことができるものとされています（最判昭47・５・25民集26・４・805）。

これに対し、負担付死因贈与契約が締結された場合であって、受贈者が負担の全部又はこれに類する程度の履行をした場合には、契約締結の動機や負担の価値と贈与財産の価値、契約上の利害関係者間の身分関係等に照らし負担付死因贈与契約を取り消すことがやむを得ないと認められる特段の事情がない限り、取消しは認められないものとされています（最判昭57・４・30民集36・４・763、東京地判平５・５・７判タ859・233）。

本ケースの場合、受贈者は負担の内容である次男の介護を同人が亡くなるまで行っており、負担の全部の履行がなされているといえます。よって、贈与者が民法554条及び民法1022条により負担付死因贈与契約を撤回することができるか否かは、介護期間が想定より短期間となったこと、ひいては贈与財産の価値と比較し負担の内容・価値が軽微なものとなったことを踏まえ、上記判例が述べる特別の事情の存在が認められるか否かによるということになります。

## 2　他の法律行為の場合における撤回の可否等

### （1）　負担付生前贈与契約の場合

負担付生前贈与契約の場合、負担付死因贈与契約のように贈与者による自由な撤回を認める規定が存在しないため、受贈者が負担を履行しないことを理由とする解除（民541以下）や、錯誤（民95）等の取消原因が存在することを理由とする取消しが可能な場合を除いて、負担付生前贈与を事後的に撤回することはできません。

この点、負担の内容である介護の対象者が早期に死亡したというケースでは、負担付死因贈与契約に関する項で述べたとおり負担については既に履行されていると解されるため、負担の不履行を理由とする解除をすることはできず、錯誤等の取消原因の存在が認められる場合に限り取り消すことができるものと考えられます。

なお、贈与者の死亡後の相続手続においては、受贈者以外の相続人としては、介護対象者の早期死亡により受贈者の負担が軽減されたことも踏まえ、当該負担付生前贈与が特別受益に該当し持戻しの対象となる（民903）旨の主張を行うことも考えられます。

### （2）　負担付遺贈の場合

負担付遺贈の場合も、負担の内容である介護の対象者が早期に死亡したというケースでは、負担については既に履行されていると解されるため、相続人は負担の不履行を理由とする当該遺贈の取消請求（民1027）を行うことはできず、遺言者に錯誤等があったと認められる場合に限り取消しを行うことができると考えられます（遺言にも民法の錯誤の規定が適用されると判断した裁判例として、さいたま地熊谷支判平27・3・23判時2284・87）。

また、負担付遺贈の場合においても、受遺者以外の相続人は、介護対象者の早期死亡という事情を踏まえ特別受益の主張を行うことが考えられます。

（3）　遺産分割協議の場合

遺産分割協議において介護の義務が定められた場合も、錯誤等の取消原因が存在する場合に限り取り消すことができるという点は、上記負担付生前贈与や負担付遺贈と同様です（〔49〕における解説も参照）。

他方、取消しの主張に加えて特別受益の主張の余地もあった負担付生前贈与や負担付遺贈と異なり、遺産分割協議の場合は既に遺産分割が完了しており特別受益の主張を行う余地がないため、遺産分割協議の取消しが認められない限り、介護義務者が取得した遺産の返還等を請求することは困難です。

## 〔53〕 介護の約束を守らない介護者が死亡し二次相続が発生した場合における介護の約束の履行請求

**Case**

父は、５年前に亡くなりました。父は生前、足腰の弱い私に代わって弟との間で、父が亡くなった後は弟が母の介護や生活の面倒を見ることを約束していたようで、弟に対し母と同居し介護する義務を負わせる代わりに遺産の大部分を遺贈することを内容とする遺言書を作成していました。

ところが、父の死後、弟は仕事が多忙である等と理由を付けて、母と同居するどころか母の自宅を訪問することもほとんどなく、父の遺言に従い介護をしてもらうよう母から求めても一切応じなかったため、母は費用を支払い訪問介護サービスを利用することを余儀なくされてきました。

昨年、弟が交通事故により急逝しました。弟の相続人には弟の妻と子供がおり、弟の遺産を全て彼女たちが相続している以上、弟が行うはずであった母の介護についても彼女たちに行ってもらいたいのですが、彼女たちに弟の代わりに母を介護するよう求めることはできるのでしょうか。

### ◆ ポイント ◆

・介護を負担の内容とする負担付遺贈等が行われた後、受遺者等の介護を行うべき者が死亡し相続が発生した場合には、当該介護を行う義務は受贈者の一身に専属する義務であるとして、相続人に対する介護の履行請求が認められない可能性があります。

・他方、受遺者等が介護を行う義務を履行しなかったことに基づく損害賠償請求権等については、相続の対象となり、相続人に対し請求することができると考えられます。

## 解　説

### １　相続の対象となる権利義務

民法896条は、被相続人の一身に専属したものを除き、被相続人の財産に属した一切の権利義務を相続人は相続開始時から承継する旨を定めています。

同条にいう被相続人の一身に専属する（相続の対象とならない）権利義務の例としては、代理権（民111）、定期贈与の当事者としての地位（民552）、委任契約の当事者としての地位（民653一）等があります。

### ２　介護を行う義務は相続の対象となるか

〔50〕において解説したとおり、負担付遺贈等により受遺者等が負う介護を行う義務も民法上の債務であると解されるため、これが被相続人の一身に専属するものとみなされない限り、相続により相続人が承継することになります。

この点、〔47〕において解説したとおり、介護の約束を定める方法としては、負担付遺贈等において負担の内容として定めるほかに介護契約を締結する方法も考えられるところ、当該契約は通常準委任契約（民656）に該当すると解されるため、その場合特約のない限り介護を行うべき受任者の死亡により当該契約は当然に終了し（民653一）、受任者の相続人は委任者に対し介護を行う義務を負わないという帰結になります。

　このような介護契約の場合との均衡という観点からは、介護を行うことを内容とする負担義務についても、負担者が死亡した場合には同人の相続人が代わりに義務を負うといった特約が存在しない限り、負担者の一身に専属するものとみなされ、相続の対象とはならない（相続人に対する介護の履行請求をすることはできない）可能性があります。

### 3　介護を行う義務の不履行に基づく損害賠償請求権等について

　これに対し、介護をする義務を負う者が当該義務を履行しなかった場合における、同人に対する債務不履行を理由とする損害賠償請求権や不当利得返還請求権等は、介護をする義務とは別個の金銭債権であり、これらの支払義務は同人の一身に専属する義務とは解されません。

　したがって、介護を受ける権利を有していた者は、介護をする義務を負っていた者が死亡した後は、その相続人に対して上記損害賠償請求権を行使することができると解されます。

## 第６　介護をしている親族への対応

### 〔54〕　介護の労が不透明な介護者の寄与分

**Case**

私は、大学卒業後、地元から離れた場所で就職し、それ以降ずっと一人暮らしをしていました。両親とは特に仲が悪いわけではありませんでしたが、仕事が忙しかったこともあり、長らく帰省もせず連絡もほとんど取り合わない期間が続きました。もっとも、両親の実家の近くには兄が住んでいたため、両親に何かがあった時は兄を頼ることができるだろうという安心感がありました。

一昨年に父が、昨年に母が相次いで亡くなり、兄弟間で遺産分割協議を行うことになりました。その際、兄から、両親は二人とも晩年は自力で日常生活を送ることが困難な状態となり自分が介護をしていた、そのため遺産分割に当たっては自分に相当額の寄与分が認められるべきである、という話がありました。

私としては、両親のことを兄に任せきりにしていたという側面があるのは事実ですが、他方で両親の晩年の状態や兄がどの程度の時間と労力を介護に費やしていたのかについて実際のところが分からず、兄の主張をそのまま受け入れてよいのか迷いがあります。兄の主張に対して、私はどのように対応すればよいでしょうか。

◆ ポイント ◆

・寄与分が認められるための要件である特別の寄与該当性や遺産の維持又は増加については、通常、寄与分を主張する側がそれを裏付ける証拠を保有していることが想定されるため、寄与分の主張を受けた相手方としては、まずは当該証拠の提示を寄与分主張者に求めるべきです。
・より積極的に寄与分の主張に反論する場合には、被相続人の預金口座の取引履歴や要介護認定情報等の調査を行うことが重要です。

解　説

1　寄与分の存在を裏付ける証拠の提示要請

家事事件においては、民事事件と異なり、裁判所が職権で必要と認める証拠を取り調べることができます（家事56①）。よって、寄与分の成否が調停や審判手続において争われた場合にも、民事訴訟手続のように、いずれか一方の当事者が立証責任を負うということはありません。

もっとも、寄与分の存在を裏付ける証拠（療養看護を理由とする寄与分の場合、被相続人の介護の必要性を裏付ける証拠や寄与者が介護を行っていたことを裏付ける証拠）については、通常寄与分が存在することを主張する側が保有していることが想定されるため、調停や審判手続においても、まずは寄与分の存在を主張する当事者に対しそのような証拠の提出が求められるのが通常です。そして、そのような証拠が手続内で提出されない場合には、最終的に特別の寄与や遺産の維持・増加の存在を認めるに足りる証拠がないとして、寄与分の存在を認めない審判が出される可能性が高まります（大阪高決平27・10・6判タ1430・142、東京高決平21・12・18判タ1330・203）。

よって、他の相続人から寄与分の主張を受けた相手方としては、まずは当該相続人に対し、寄与分の存在を裏付ける証拠を提示するよう求めるという対応をとることが考えられます。その上で、当該相続人が提示してきた証拠に不足や不自然な点がある場合には、その点を指摘し寄与分は認められるべきでないという反論を行っていくことになります。

## 2　寄与分の主張を争うための調査・資料収集活動

上記のような、寄与分を主張する相続人に対して証拠の提示を求めるというのは、当該相続人のアクションを待つという意味で受動的な姿勢・対応ともいえます。

これに対し、より積極的・能動的な対応として、寄与分を認めるための各種要件の充足性に関する証拠を自ら調査・収集した上で、そのような証拠を示して寄与分の成立を争うという対応も考えられます。

例えば、被相続人の預金口座の取引履歴の開示を受けた上で（当該開示請求は共同相続人であれば行うことが可能です（最判平21・1・22民集63・1・228）。）、その中に介護サービスの利用料金の支払の記載があれば、少なくとも寄与分主張者のみが介護を行っていたわけではない（職業介助人も利用していた）という点で専従性を否定する要素となりますし、寄与分主張者に対する金銭の振込みがあれば、介護の対価と見るべき金銭を受領しているとして無償性を否定する根拠として主張することが可能です。

また、被相続人が居住していた地方自治体から要介護認定資料の開示を受けたり、被相続人が通院していた医療機関がある場合にはカルテ等の開示を受けることで、被相続人に対する療養看護の必要性を否定できる可能性があります。これらの資料については、共同相続人本人からの開示請求ではなく受任弁護士による23条照会等でなければ開示に応じてもらえないケースもありますので、その場合には弁護士への依頼を検討する必要があります。

それ以外にも、被相続人の住民票の除票と寄与分主張者の住民票を取得し、両者の住所が別の場所となっていれば、少なくとも同居ないし住み込みでの介護は行われていなかったという点で専従性を否定する要素となります。寄与分主張者の住民票の取得も、通常は弁護士等への依頼が必要となります。

## 〔55〕 老親宅に不審な訪問を繰り返す兄弟への対応

**Case**　私の母は、5年前に父が亡くなってから現在まで一人暮らしをしています。昨年頃から次第に認知症と思われる症状が見られるようになったのですが、自宅での生活を続けることを強く希望しており、今のところ介護施設等に入所する予定はありません。

最近、母の自宅の近所に住んでいる弟から、ここのところ私の兄が頻繁に母のもとを訪れているようだという話を聞きました。弟によると、兄の話では母の介護や生活の手伝いをしているとのことでした。

兄は大学卒業から現在まで遠方に住んでおり、これまでほとんど帰省することもなかったため、わざわざ遠くから介護のため頻繁に母の自宅を訪れているという兄の話には違和感を覚えます。今後兄弟間でトラブルになることを避けるため、どのように対応すべきでしょうか。

### ◆ ポイント ◆

- 認知機能の衰えた高齢者をめぐる親族間のトラブルの典型例としては、親族によるお金の使い込みや不当な誘導・口添えによる遺言書作成、これらに付随して他の親族との接触を断たせる囲い込み等があります。
- このようなトラブルの予防策としては、親族間で当該高齢者の介護等に関する十分な協議を行ったり、成年後見制度を利用することが考えられます。

## 解　説

### 1　認知機能の衰えた高齢者をめぐるトラブル

認知機能の衰えた高齢者が相当額の資産を保有している場合、当該資産をめぐって高齢者の親族間でトラブルが発生することがあります。

そのようなトラブルの典型例としては、以下のようなものがあります。

・認知機能の衰えに乗じて、一部の親族が高齢者の預貯金等を使い込む。
・他の相続人の悪口を吹き込む等して、一部の相続人が自身に有利な内容の遺言書を高齢者に作成させる。
・これら預貯金等の使い込みや自身に有利な遺言書作成等の目的を実現するため、あるいはこれらの事実が他の親族に判明することを防ぐため、介護等を口実に高齢者を引き取り、同居して他の親族との接触を断たせる、いわゆる囲い込みを行う。

これら個々のトラブル類型の内容や実際に当該トラブルが発生した場合の対処法については、〔56〕以下で詳細に解説します。

### 2　親族間での協議によるトラブルの予防

本ケースのように、一部の親族が頻繁に高齢者のもとを訪れているのみで囲い込みには至っておらず、また預貯金の使い込み等が行われているかも不明な場合、まずは当該親族（及び高齢者）に対し訪問の意図・目的や訪問中の行動を確認すべきです。

また、以後のトラブル発生を予防するという観点からは、当該親族も交えた親族間で、高齢者の今後の生活や介護（介護の負担をどのように分担するか、生活費や介護費用の支出・管理の方法等）について協議を行い、書面による合意・取り決めを行っておくべきといえます。

これらの確認や協議を行うに当たっては、家庭裁判所の一般調停手続（家事事件手続法244条にいう「その他家庭に関する事件」に関する調停手続）の一つである、親族関係調整調停を申し立て、当該調停手続の中で裁判所を介した協議・合意成立を目指すことも考えられます。

### ３　成年後見制度の利用

上記のような確認や協議に一部の親族が応じず、前述したようなトラブルが現実に発生する可能性が払拭できない場合には、家庭裁判所に後見開始の申立てを行い、成年後見人の選任を求めることも選択肢に入ります。

成年後見人が選任されると、それ以降成年被後見人の財産は成年後見人が管理することとなり他の親族等が使い込むことは困難となる上、後見開始後に成年被後見人が遺言を行うには医師２名以上の立会いが必要になる等要件が厳格化されるためです（民973）。

成年後見制度の詳細については、〔23〕を参照してください。

## 〔56〕 親の囲い込みへの対応

**Case**

私の父は、母が亡くなってから長らく一人暮らしをしていたのですが、一昨年から認知症の症状が現れるようになったため、介護施設に入所させるかどうか等、父の今後について私を含めた兄弟間で話合いをしていました。

ところが、昨年私の兄が、突然自分たち夫婦が父の介護を行うと私たち兄弟に対し一方的に宣言して、父を兄の自宅に引き取ってしまいました。私や他の兄弟が父との面会を求めても、父の体調が優れないとか私たちに会いたくないと言っている等と理由を付けて拒絶されてしまいます。

父の子供である私たち兄弟が父と会うこともできないというのは納得できませんし、遺産分割で不利になるのではと心配です。何か対応策はありませんでしょうか。

◆　ポイント　◆

・いわゆる高齢者の囲い込みに対する解決策としては、親族関係調整調停等の手段を試みた上で、なお解決しない場合には面会妨害禁止の仮処分の申立てを行うことが考えられます。
・また、囲い込みを直接解決する手段ではありませんが、囲い込みを理由とする慰謝料の請求を行うことで、間接的に囲い込みの解消を促すということも考えられます。

## 解　説

### １　高齢者の囲い込み

いわゆる高齢者の囲い込みとは、認知機能の衰えた高齢者を一部の親族等が管理下に置き、他の親族等との交流・接触を断たせることをいいます。

囲い込みが行われる目的は様々ですが、当該高齢者の資産を他の親族に隠れて使い込むために行われたり、高齢者に他の親族の悪評を吹き込む等して自身に有利な遺言書を作成させるために行われるというのが典型的なケースです。

囲い込みの手法としては、高齢者を自ら介護する等の名目で高齢者の自宅や囲い込みを行う親族の自宅で同居したり、高齢者を介護施設等に入所させた上で当該施設の名称等を他の親族に秘匿する、あるいは当該施設に対し他の親族による面会希望に応じないよう働き掛けるといったものがあります。

### ２　囲い込みに対する対応策

#### （1）　囲い込みを行う親族等との交渉

高齢者の囲い込みが行われている場合において、囲い込みを解消し当該高齢者との面会等を希望する親族としては、まずは囲い込みを行っている親族に対し当該高齢者と面会させるよう交渉することが考えられます。その際、相手方が任意の交渉に応じない場合には、〔55〕において触れた親族関係調整調停を申し立てることも検討すべきです。

また、当該高齢者が介護施設等に入所させられている場合には、当該施設に対しても高齢者と面会させるよう申入れを行うことが考えられます。

（２）　後見開始の申立て

囲い込みが行われている高齢者を成年被後見人とする、後見開始の申立てを行うことも選択肢の一つです。

〔55〕において解説したとおり、成年後見人が選任された場合、囲い込みを行っている親族等としては、その目的とされることが多い財産の使い込みや自身に有利な遺言書の作成が困難となるため、囲い込みの解消を促す効果が期待できます。

ただし、同居家族（囲い込みを行っている親族等）の協力が得られない状況下では、成年後見人の選任が事実上困難となる可能性もあることは、〔40〕において解説したとおりです。

（３）　面会妨害禁止の仮処分の申立て

上記のような任意交渉や親族関係調整調停を行っても囲い込みが解消されない場合には、囲い込みを行っている親族等や高齢者が入所している介護施設等を相手方として、面会妨害禁止の仮処分（民保23②）を申し立てることが考えられます。

裁判例においては、上記親族関係調整調停等の手続を経ても両親との面会が実現しなかった子からの申立てに対し、今後も当該状況が改善する可能性は乏しく両親と面会する権利が侵害されるおそれがあるとして、両親を老人ホームに入所させ入所先を秘匿していた他の子及び当該老人ホームに対する面会妨害禁止の仮処分を発令したケースが存在します（横浜地決平30・７・20判時2396・30）。

当該仮処分発令後も囲い込み行為が継続する場合には、間接強制を申し立てることになります（民保52①、民執172①）。

（４）　囲い込みを理由とする慰謝料請求

さらに、囲い込みを行っている親族等を相手方として、囲い込みにより面会や交流の機会を奪われていることを理由として、不法行為に基づく損害賠償（慰謝料）を請求することも考えられます（民709）。

裁判例においては、姉妹のうちの一部の者らが母親を自身らの自宅で生活させ、または施設に入所させて、他の姉妹が当該母親と面会・交流する機会を６年間以上にわたって奪ってきたというケースで、親と面会・交流するという法的保護に値する利益を合理的理由なく侵害するものとして、当該姉妹らに対する慰謝料請求を認めた事例が存在します（東京地判令元・11・22（平30（ワ）14188））。

このような慰謝料請求は、囲い込みそれ自体を直接解消させるものではありませんが、慰謝料請求を内容とする訴訟等の裁判手続を提起した場合、和解協議において裁判所から相手方に対し面会に応じることを内容とする和解の提案がなされることも期待される等、間接的に囲い込みの解消を促す効果があるといえます。

（５）　面会を強行することの可否

なお、たとえ囲い込みを解消し面会を実現する目的であったとしても、囲い込みをしている親族等の意思に反して高齢者の居住する住居に立ち入ることは、刑法上の住居侵入罪（刑130）や民法上の不法行為（民709）に該当する可能性があります。

これは、当該高齢者やその配偶者が所有しもともと居住していた実家に立ち入る場合であっても同様であり、当該高齢者が立入りを承諾する意思を明示しておらず、かつ当該高齢者と同居し囲い込みを行っている親族等が立入りを拒絶している以上、上記住居侵入罪の構成要件に該当してしまう可能性があります。

## 〔57〕 認知症の老親に他の兄弟の悪口を吹き込む兄弟への対応

**Case** 私の父は、3年ほど前から認知症の症状が出始め、それ以来私の兄が兄の自宅に父を引き取り、訪問介護業者も利用しつつ介護を行っています。

最近、久しぶりに父に会いに兄の自宅を訪れたところ、父は私に対しとてもよそよそしい態度をとっていました。私は父の態度が気になり、顔見知りの訪問介護業者にそれとなく聞いてみたところ、父は私について、兄に介護を押し付けて自分は何もせず、それでいて父の遺産を受け取ろうとしている卑怯者だ、というような話をしているとのことでした。

もともと私と父の仲は特に悪くなく、認知症の症状が出た時も私は兄に対して介護の手伝いをすることを申し出たのですが、兄から断られたという経緯があります。それにもかかわらず父がこのような話をしているのは、兄が父に私の悪口を吹き込んでいるとしか考えられません。

父は相当高額の預金を持っているようであり、兄は自分に有利な遺言書を父に作らせるためにこのようなことをしているのではないかとも思われるのですが、何か対応策はありませんでしょうか。

◆ ポイント ◆

・遺言者に遺言能力がないこと等を理由として遺言の効力を争うことは困難な場合が多いため、不利な内容の遺言が作成されることを予防することが重要です。

・認知症の症状が比較的軽度であれば、話合いや親族関係調整調停手続により誤解を解き、重度であれば早急に後見開始の申立てを行うべきです。

解　説

### 1　高齢者に対する他の相続人の悪口の吹き込み

相続をめぐるトラブルの一つの典型例として、認知能力が衰えた高齢者に対し一部の相続人が他の相続人の悪口や悪評を吹き込むことで、自身に有利な遺言書を作成させたり高齢者から資産の生前贈与を受けようとするというケースがあります。

このような行為が行われる場合には、当該他の相続人に露見することを防ぐために、〔56〕で解説した高齢者の囲い込みが同時に行われるケースもしばしば見受けられます。

### 2　遺言の効力を事後的に争うことの困難さ

遺言が行われた時点において、遺言者が遺言を行えるだけの判断能力（遺言能力）を有していなかった場合、当該遺言は無効とされます（民963）。また、遺言の内容に関し遺言者に錯誤があった場合や、遺言者に対する詐欺により遺言が作成された場合には、当該遺言は取消しの対象となります（民95・96）。

もっとも、遺言当時の遺言能力の存否については、遺言者が認知症を患っていたという一事をもって遺言能力が否定されるものではなく、遺言の効力を争おうとする側が、当時の医療記録等を根拠として遺言能力がなかったことを立証しなければなりません。そして、遺言が公正証書遺言の方法でなされていた場合や、遺言の内容が単純である場合（特定の相続人に遺産の全てを相続させる旨の遺言等）、遺言能力が否定されるハードルはさらに高くなります。

また、錯誤や詐欺を理由とする取消しについても、遺言の効力を争おうとする側がこれら取消理由の存在を立証する必要がありますが、遺言の効力が争われる時点では通常遺言者は既に亡くなっているため、多くの場合これらの立証も困難です。

このように、作成された遺言の効力を事後的に（遺言者の死後に）争うことは困難な場合が多いため、自身の悪口を高齢者に吹き込まれている相続人としては、自身に不利な内容の遺言が作成されることを予防することが重要といえます。

## ３　自身の悪口を吹き込まれている場合の対応策

### （１）　高齢者の認知症の症状が比較的軽度である場合

高齢者の認知症の症状が比較的軽度であり、ある程度の会話や意思疎通が可能な場合には、まずは高齢者との話合いやコミュニケーションの時間を十分に取り、吹き込まれている悪口が誤解であることを理解してもらうよう努めるべきです。

高齢者の態度が頑なであったり、悪口を吹き込んでいる相続人が妨害をしてくる場合には、他の家族や介護業者等信頼の置ける第三者と共に話合いの機会を設けたり、親族関係調整調停を申し立てて裁判所を介した話合いの場を設けることも考えられます（なお、悪口を吹き込んでいる相続人が囲い込みを行っている場合の対応については、〔56〕を参照してください。）。

これらの対応により、高齢者との間で信頼関係の構築・回復ができた場合には、さらに進んで、悪口を吹き込んでいた相続人を優遇するような遺言書を作成していないか確認をするべきです。その上で、もしそのような遺言書を作成していた場合には、当該遺言を撤回する内容の遺言書を改めて（可能であれば公正証書遺言の方法で）作成してもらうよう打診すべきです（民1022）。

（２）　高齢者の認知症の症状が重度である場合

他方、高齢者の認知症の症状が重度であり意思疎通が困難である場合には、可能であれば悪口を吹き込んでいる相続人以外の家族や介護業者等の協力を得た上で、できる限り早急に後見開始の申立てを行い成年後見人が選任されることを目指すべきです。

〔55〕においても述べたとおり、成年後見人が選任された後は、成年被後見人が遺言を行うための要件が厳格化されるため（民973）、自身に不利な内容の遺言書が作成される可能性を低下させる効果が期待できるためです。

## 〔58〕 過剰なリフォームへの対応

**Case**　私の父は、３年ほど前から認知症の症状が出始め、それ以来私の兄夫婦が父の自宅で父と同居し、介護を行っています。

最近、父の自宅を訪れた際、兄の妻から、築年数が古く介護するにも不便であるため父のお金で介護リフォームを行うことを検討しており、既に父の了解は得ているという話を聞きました。業者から見積書も取得済みとのことでしたので、その内容を見せてもらったのですが、兄夫婦が寝泊まりしている部屋の内装工事等、明らかに兄夫婦のためと思われる工事が含まれていました。

少なからず父の遺産を当てにしているため、いたずらに父の財産が減るのは看過できませんし、父の様子からして、工事内容やその必要性についてどこまで理解できているか怪しいように思われるのですが、工事をやめさせる方法は何かありませんでしょうか。

### ◆ ポイント ◆

・必要性に疑問のある過剰なリフォーム工事であっても、実施された後に費用の返還を受けることは困難であるため、事前に防止することが重要です。

・後見開始の申立てを行い成年後見人が選任されれば、成年後見人の財産管理のもと、本人のために必要性が認められる範囲内でのリフォーム工事が実施されることが期待できます。

## 解　説

### 1　実施済みのリフォーム費用の返還を求めることの困難さ

同居家族の関与のもと高齢者の自宅にリフォーム工事が実施された後に、高齢者本人や成年後見人、あるいは本人死亡後の相続人が当該リフォーム工事の費用の返還を求める方法としては、下記のようなものが考えられます。

① （リフォーム工事の請負契約が当該高齢者名義でなされていることを前提として）契約当時に高齢者が意思能力を有しておらず、契約が無効である（民３の２）、又は錯誤若しくは詐欺に基づく契約であり取り消されるべきである（民95・96）と主張し、リフォーム業者に対して返金を求める。

② 高齢者本人の了解なしに、又は本人が工事内容を十分に理解しないまま、同居家族の利益のためにリフォーム工事を実施させたと主張し、同居家族に対し不当利得返還請求ないし不法行為に基づく損害賠償請求を行う。

もっとも、一つ目のリフォーム工事請負契約の無効や取消しを主張する方法については、〔57〕において遺言の効力を事後的に争うことの困難さに関し述べたところと同様、事後的に契約当時の高齢者本人の意思能力の不存在を立証することや、高齢者本人の認知能力が低下している（あるいは既に死亡している）状況下で錯誤・詐欺の存在を立証することは、事実上困難です。

また、二つ目の同居家族に請求する方法についても、同様に高齢者本人が工事を了解していなかったことや工事内容を理解していなかったことを事後的に立証することは困難です。

このように、たとえ必要性に疑問のある過剰なリフォーム工事であっても、工事が実施された後に当該工事の費用の返還を受けることは困難であるため、そのような工事が行われることを事前に防止することが重要です。

## 2　過剰なリフォーム工事を防止する方法

### （1）　任意の話合いないし親族関係調整調停

親の囲い込みや悪口の吹き込みに対する対応について述べたところと同様、過剰なリフォーム工事を実施しようとしている同居家族との間で、工事を中止ないし規模を縮小するよう話し合ったり、親族関係調整調停の手続を利用することは可能です。

### （2）　後見開始の申立て

同居家族が工事の中止や規模縮小に任意に応じない場合には、高齢者本人について後見開始の申立てを行うことを検討すべきです。

〔23〕において解説したとおり、後見開始の審判がなされ成年後見人が選任されると、それ以降は成年後見人が本人を代理して契約締結その他の法律行為を行うことができるようになり（民859①）、また本人が行った法律行為を取り消すことができるようになるため（民９）、本人が成年後見人の同意なくリフォーム工事にかかる請負契約を締結することはできなくなります。

そして、成年後見人は、成年被後見人の意思を尊重し、かつ、その心身の状態及び生活の状況に配慮して財産管理を行う義務があるところ（民858）、成年被後見人以外の同居家族の利益のために成年被後見人の費用を支出してリフォーム工事を実施することは、通常当該成年後見人の義務に反するものと解されます。

このように、高齢者本人に成年後見人が付されれば、本人の生活や利益のために必要かつ相当な範囲内を超えた過剰なリフォーム工事の実施を避けられる可能性が高くなります。

### （３）　金融機関に対する申出

上記後見開始の申立てと並行して、高齢者本人が保有する預金口座の金融機関に対し、本人が認知症により認知能力が低下している旨及び同居家族により本人の預金からリフォーム工事費用が支出されるおそれがある旨を申し出て、預金口座の凍結を促すことも考えられます。

〔59〕において詳細に解説するとおり、当該申出により預金口座が凍結されれば、当該口座からリフォーム工事費用が支出される可能性が低下するほか、同居家族に対して成年後見人選任に協力することを促す効果も期待できます。

## ３　同居家族の費用負担によるリフォームの場合

高齢者本人ではなく同居家族が費用を負担してリフォームが実施される場合には、たとえリフォームの内容が過剰であっても高齢者本人に直ちに不利益が生じるわけではないため、工事実施段階で何らかの対応を行う必要性は高くないといえます。

他方、リフォーム工事費用を負担した同居家族が高齢者の推定相続人であった場合、本人が死亡し相続が発生した後に、当該同居家族からリフォーム工事費用の支出を理由とする寄与分が主張される可能性があります。

その場合には、他の相続人としては、当該リフォーム工事は高齢者本人の介護等のために必要なものではなく、被相続人の遺産の維持・増加に寄与していないとして、寄与分の存在を否定する主張を行うことが考えられます（〔６〕参照）。

## 〔59〕 介護名目での老親の資産の浪費への対応

**Case**　私の父は、5年前に認知症を患い、それ以降私の兄が父名義の実家で父と同居し介護を行っているほか、私や他の兄弟も時折実家を訪れて介護の手伝いをしています。

先日、実家を訪れた際、証券会社からの郵便が届いており、中身を確認したところ父が保有している株式の大部分が売却され現金化されていました。私は不審に思い兄を問いただしたところ、父の介護費用を支払うのに父の預金だけでは足りず、やむなく父の了解を得て株式を現金化したとのことでした。

確かに、父は訪問介護業者も利用していますが、そこまで多額の費用がかかっているようには思えず、兄が父の預金を使い込んでいるのではないかという疑いが拭えません。今後私はどのような対応をすべきでしょうか。

◆ ポイント ◆

・後見開始の審判がなされて成年後見人が付されれば、それ以降本人の預金等の資産が同居親族等により使い込まれる可能性を低下させられるほか、使い込みが疑われる過去の支出についても成年後見人による調査・返還請求が行われることが期待できます。
・金融機関に対し預金口座等の凍結を求めることも、特に緊急性の高いケースでは検討すべきです。

### 解　説

#### 1　お金の使途や収支状況についての任意の問合せ

同居家族等による高齢者の預金等の使い込み・浪費が疑われる場合

も、他のトラブル事例と同様、まずは当該同居家族等に対し、これまでのお金の使い道や毎月の収支状況について問い合わせて任意に回答を得たり、親族関係調整調停の手続内で回答を得ることを試みることは考えられます。

### 2　後見開始の申立て

同居家族等が問合せに対し任意に応じないようであれば、後見開始の申立てを行うことを検討すべきです。

後見開始の審判がなされて成年後見人が選任されれば、それ以降高齢者本人の財産は成年後見人が管理するようになるため、例えば同居家族が本人のキャッシュカードや通帳・銀行印を用いて預金の引き出しを行う等、本人の資産を費消・処分することは困難となります。

また、申立人から成年後見人に対し、従前同居家族等による使い込みの疑いがある旨の情報提供を行うことで、成年後見人による財産管理業務の一環として、過去の本人の資産処分状況の調査や、同居家族等に対し使い込みが疑われる金銭相当額の不当利得返還請求がなされることも期待できます。

### 3　金融機関による預金口座等の凍結

現に同居家族等が高齢者本人の資産を処分したり多額の預金引き出しを繰り返している等、対応に急を要する場合には、今後の浪費・使い込みを防止するために、上記後見開始の申立てと並行して金融機関による預金口座等の凍結に向けた働き掛けを行うべきであると考えられます。

銀行や証券会社等の金融機関は、口座名義人である高齢者本人や家族等から本人が認知症を患っている旨の申し出を受けたり、窓口での対応等を通じて本人の認知判断能力が低下している疑いを抱いた場合、具体的な対応方針は金融機関ごとに異なるものの、本人に対する面談等の調査を行った上で、認知判断能力が低下していると判断された場合は同人名義の口座を凍結する処理をとることがあります（一般社団法人日本金融ジェロントロジー協会「認知判断能力が低下・喪失した顧客の金融商品売却依頼に対する対応の在り方」（一般社団法人日本金融ジェロントロジー協会HP）、一般社団法人全国銀行協会「金融取引の代理等に関する考え方および銀行と地方公共団体・社会福祉関係機関等との連携強化に関する考え方（公表版）」（一般社団法人全国銀行協会HP）。

当該処理がとられた後は、金融機関は預金引き出し等を求めてきた同居家族等に対し、原則として医療費の支払等本人の利益になることが明らかな場合にのみ引き出し依頼に応じるとともに、同居家族等に対し成年後見制度の利用を促すことになります（前掲「金融取引の代理等に関する考え方および銀行と地方公共団体・社会福祉関係機関等との連携強化に関する考え方（公表版）」）。

このように、金融機関による本人名義の口座凍結は、それ以降の同居家族等による浪費・使い込みを防止する効果を有するとともに、同居家族等に対し成年後見人の選任への協力を促す効果も期待できます。

### 4　本人又は相続人による使い込み相当額の返還請求

高齢者本人に対し後見開始の審判がなされない場合、同居家族等により使い込まれた金銭については、本人存命中は原則として本人から当該同居家族等に対する返還請求を行うほかありません。

他方、高齢者本人が死亡し相続が発生した後は、当該同居家族等以外の相続人は、本人が有する不当利得返還請求権を相続により取得したものとして、当該同居家族等に対し使い込んだ金銭を遺産に返還するよう請求することができます。

詳しくは使途不明金に関する〔34〕の解説を参照してください。

# 第 3 章

## 介護をされている側からの相談

## 〔60〕 特定の相続人のみに財産を相続させたい場合の遺言

**Case**

私は長男と同居しています。２年ほど前から体調を崩し、同居している長男が献身的に介護してくれています。次男もいるのですが、次男は私が具合が悪くなってからというもの全く実家に帰ってこなくなりました。長男からも「あんな薄情な弟には遺産はあげたくない」と言われており、私もそのように考えています。遺言で全て長男に相続させるようにしたいのですが、そのような遺言を書いてもよいものでしょうか。

◆ ポイント ◆

・最低限の相続分（遺留分）があるので、遺留分に注意する必要があります。
・遺留分をめぐる紛争が起きる可能性はありますが、それを甘受するのであれば、遺留分を侵害した遺言を作成することに問題はありません。

### 解　説

#### 1　遺留分に注意する必要がある

相続人の中には、最低限の相続分である遺留分が認められる者がいます。

遺留分が認められるのは、法定相続人のうち配偶者と子などの直系卑属、親や祖父母などの直系尊属です（民1042）。兄弟姉妹や甥姪には遺留分はありません。

遺留分は、原則として遺産の２分の１が対象となり、相続人が数人ある場合には各相続人の相続分を乗じて計算をします（民1042②）。ただし、法定相続人が直系尊属のみの場合は遺産の３分の１が遺留分の対象になります。

つまり、相談者に１億円の遺産があり、相談者の法定相続人が長男と次男のみという場合には、次男には法定相続分２分の１の２分の１すなわち４分の１に当たる2,500万円が遺留分として認められることになります。

## ２　遺留分侵害額請求

実際に全て長男にあげるような遺言を書いた場合、次男は長男に対して2,500万円の遺留分を精算するように請求することができます。これを遺留分侵害額請求といいます（民1046①）。もちろん、これは権利なので、次男が請求してこなければ全ての遺産は長男が相続することはできますが、次男が遺留分の精算を求めてきた場合、長男はこれに応じなければいけません。

このように遺留分を侵害するような遺言を作成した場合、将来的に遺留分をめぐって法的紛争になってしまう可能性はあります。

## ３　遺留分を侵害する遺言の作成

このように全て長男に相続させたいという意向をもっている遺言者に対して、将来の紛争防止の観点から最初から遺留分に配慮した遺言を作成した方がよいと助言する方もいるかと思います。

これが正解ということはないのですが、私は、全て長男に相続させたいという意向の遺言者については、遺留分を侵害した遺言により将来的に紛争になる可能性はあるということは指摘しつつも、そのまま遺留分を侵害した内容の遺言を作成することが多いです。

というのも、弁護士は紛争を予防することだけが業務ではなく、将来的に起こり得る紛争をコントロールすることも業務と考えています。あらかじめ紛争になることが予想できているのであれば、いざ紛争が発生したときに粛々と対応をすればよいのではないかというのも一つの解決策といえます。

弁護士に遺言作成の相談に来るような方の場合、元々親子関係や兄弟関係が上手くいっていない方も多いといえます。そのように元々仲が良くないという場合、あらかじめ遺留分に配慮した遺言を作成したとしても、自宅不動産など遺産の評価をめぐって紛争になるということはあり得ます。たとえどのような配慮をしていたとしても、親族に揉めたいという人がいれば揉めてしまうのが現実です。

また、遺言者に収入がなく将来的に遺産が減っていくという方であれば、遺言作成時点の財産を基準に遺留分に配慮した遺言を作成してしまうと、将来の相続発生時には遺産が今よりも少なくなった結果、次男が遺留分よりも多く相続できることになってしまいます。逆に遺言者に収入があり遺産が増えていくという方の場合、遺言作成時点の財産を基準に遺留分に配慮した遺言を作成しても、将来の相続発生時には遺産が今よりも多くなった結果、作成した遺言でも次男の遺留分を侵害する結果になってしまうという可能性もあります。

このようにどのように紛争を防止しようとしても揉めるときは揉めますし、遺言作成時から亡くなり相続が発生するまでの間には遺産の増減があるため、事前に相続発生時の遺留分を計算することはできません。

そうであれば、遺留分を侵害することを前提に全てを長男に相続させ、長男には将来的に次男から遺留分を請求された場合には４分の１の精算が必要となる旨説明をしておけばよいだけなのではないかと思います。

必要であれば長男にも事前に会っておき、もし紛争になった場合にはサポートをするということを説明しておけば、相続発生時に次男が遺留分を請求してきたとしても、弁護士に任せて粛々と対応すればよいだけなので安心はしてもらえるのではないかと思います。

コラム

### ○弁護士以外による遺言作成

弁護士以外が関与する遺言だと、遺留分を事前に織り込んだ遺言を作成するケースが多いかと思います。

というのも、遺言相談は法的鑑定に当たり弁護士の独占業務とも考え得るところ、日本弁護士連合会と一般社団法人信託協会との間で、「信託銀行が取り扱う相続関連業務（いわゆる遺言信託業務）」に関する合意書（自由と正義45巻5号（1994））を締結しており、信託銀行が取り扱える遺言相談の範囲を定めています。同合意書では、「本人と推定相続人その他の者との間で現に法的紛争があり、または法的紛争を生じる蓋然性が極めて高いと認められる場合には、相談に応じない」とし、法的紛争が生じ得る蓋然性が高い遺言相談は信託銀行では取り扱わないとしています。

遺留分を侵害する遺言は、法的紛争を生じさせる蓋然性が高くなるので、弁護士以外はそのような内容の遺言作成に関与しづらいのです。

弁護士の立場からすると、弁護士以外に相談して、紛争予防を重視するあまり遺言者の意向に寄り添えない遺言書を作成するよりも、紛争をしっかりとコントロールしながら遺言者の意思を尊重した遺言書を作成する方がよいのではないかと考えています。

## 〔61〕 介護をしてくれる相続人に対する生前贈与

**Case** 長男と自宅で同居しています。最近、認知症が進んできており、長男が介護をしてくれています。このまま進行すれば今よりももっと長男に面倒をかけることが分かります。

この自宅は介護をしてくれている長男にあげようと思うのですが、将来遺産分割で揉めて長男が住めなくなってしまうことを防ぐため、自宅は生前に長男に贈与してしまおうと思います。

生前贈与をするに当たり注意点はありますでしょうか。

◆ ポイント ◆

・行為能力があれば贈与契約は有効です。
・生前贈与をしてしまうと処分権限は長男になってしまう点には注意が必要です。

### 解　説

#### 1　行為能力があれば契約はできる

認知症といえども軽度であり、行為能力があれば契約は締結可能です。ただ、生前贈与契約締結当時既に認知症になっている場合、将来的に生前贈与契約を知った他の相続人が無効と主張してくる可能性もあります。そのような場合に備えて、契約当時、行為能力があったことが分かるようにしておくことをお勧めします。

方法としては契約の場面を動画撮影しておく、医師の診断書を取っておくなどの方法もあります、また、贈与契約を公正証書で作成しておくというのも一つの方法です。

## ２　相続時精算課税制度の利用

60歳以上の父母又は祖父母から18歳以上の子・孫への生前贈与について、贈与を受ける子・孫の選択により相続時精算課税制度を利用できます（相税21の９）。

相続時精算課税制度を利用すると2,500万円までは贈与税がかからなくなります。贈与額が2,500万円を超えた場合は超えた額について一律20％の贈与税が課税されます。ただ、納めた贈与税は相続発生時に精算されることになります。「贈与額（基礎控除部分は除く）＋相続財産」に対して相続税を計算し、納めた贈与税より相続税額が少ない場合は差額が還付され、多い場合は差額を納付されることで精算され、相続時精算課税制度を利用したとしても相続が発生した後は相続税額が不利にも有利にもならないことになります。

なお、不動産のように価額が変動する財産の場合、生前贈与時期をどのようにするかによって相続税額に有利不利が生じる可能性はあります。自宅を生前贈与する場合には、必ず税理士に事前に相談し、相続時精算課税制度の利用をした方がよい案件か検討することをお勧めします。

## ３　処分権限が移ってしまう点に注意が必要

自宅を長男に生前贈与してしまうと、当然のことながら自宅の所有者は長男になります。自宅の所有者が長男になったということは、長男の一存で自宅を売却できてしまうということになります。

実際に、同居をして介護してくれている長男に自宅を生前贈与したところ、長男は自宅を売却してしまい、結局父親は自宅を出て介護施設に入居せざるを得なくなり、長男は自宅売却代金で別の家を購入し、長男家族だけで生活を始めたという事例もあります。

同居している家族とはいえ、100％信頼して生前に自宅の処分権限を長男に委ねてしまってよいかは慎重に検討をした方がよいでしょう。

## 〔62〕 介護をしない相続人への生前贈与の取消し

**Case**　長男と自宅で同居しており、長男が介護してくれていましたが、元々相続の時は自宅を長男にあげようと考えていたところ、長男から、「介護をしているのだから生前に自宅の所有権は移してもらえないか」と言われたのを契機として、自宅は長男に生前贈与しました。

しかし、長男は自宅の名義変更をしたら態度が変わってしまい、「この家は自分の家なのだから」と私の部屋も狭い部屋に移され、介護も碌にしてくれなくなってしまいました。

きちんと介護をしてもらうという約束で贈与したのですから、介護をしない長男への贈与は取り消せないものでしょうか。

◆ ポイント ◆

・介護の負担付贈与であれば、負担の不履行として解除できる可能性はあります。
・また、忘恩行為として贈与の撤回が認められる可能性はあります。

### 解　説

#### 1　負担付贈与の解除

贈与契約が、受贈者が贈与者を介護するとの負担付贈与契約であったと認定されれば、負担の不履行を理由に贈与契約を解除できる可能性があります。

この点、東京高裁昭和52年７月13日判決（判時869・53）は、養親子間の贈与契約について、「特別の情宜関係及び養親子の身分関係に基き、贈与者の爾後の生活に困難を生ぜしめないことを条件とするものであつて、受贈者も右の趣旨は十分承知していたところであり、受贈者において老令に達した贈与者を扶養し、円満な養親子関係を維持し、同人から受けた恩愛に背かないことを右贈与に伴う控訴人の義務とする、いわゆる負担付贈与契約であると認めるのが相当」とし、贈与契約が負担付贈与契約であると認定しました。

その上で、受贈者が、贈与によって無一文となった贈与者に対して仕送りを停止して困窮の身に陥れたこと、贈与者が病気で入院している間に贈与者宅に侵入し、以後の出入りができないように道路と家との間に有刺鉄線を張りめぐらし、出入口の鍵まで付け替えてしまったことなどについて「贈与者側に格別の責もないのに、本訴が提起された当時において、養子として養親に対しなすべき最低限の贈与者の扶養を放擲し、また子供の時より恩顧を受けた贈与者に対し、情宜を尽すどころか、これを敵対視し、困窮に陥れるに至ったものであり、従つて、贈与者の受贈者に対する前記贈与に付されていた負担すなわち贈与者を扶養して、平穏な老後を保障し、円満な養親子関係を維持して、同人から受けた恩愛に背かない義務の履行を怠っている状態」にあると認め、義務不履行により贈与契約を解除することを認めました。

## 2　忘恩行為による贈与の撤回

新潟地裁昭和46年11月12日判決（判時664・70）は「贈与が親族間の情誼関係に基き全く無償の恩愛行為としてなされたにも拘らず、右情誼関係が贈与者の責に帰すべき事由によらずして破綻消滅し、右贈与の効果をそのまま維持存続させることが諸般の事情からみて信義衡平の原則上不当と解されるときは、諸外国の立法例における如く、贈与者の贈与物返還請求を認めるのが相当」と判示し、贈与が親族間の情に基づいてされた後に関係性が破綻した場合に贈与物の返還を求めることができると判断しており、いわゆる忘恩行為による贈与の撤回を認めています。

### ３　実際にはハードルは高い

本ケースのように同居を続けている場合、仮に負担付贈与という認定がされたとしても、負担を履行していないとまで認定されるには高いハードルがあります。上記の裁判例でも、贈与によって無一文になったのに金銭的支援を止めた、入院している間に有刺鉄線を張りめぐらせて立入りをできなくさせたという事実が認定されて義務の履行を否定しています。単に、同居をしながら対応が悪くなった程度で負担の履行がないという認定がされるとは思えません。また忘恩行為による贈与の撤回についても、忘恩行為と認定されるには、高いハードルがあります。

もし介護をしてもらえなかったら贈与をした後で解除すればよいやなどと気軽に贈与をしてしまうことのないよう、生前贈与は慎重に検討をしてください。

## 〔63〕 介護をしない相続人への遺留分対策

**Case**　私は長男と同居しています。２年ほど前から体調を崩し、同居している長男が献身的に介護してくれています。次男もいるのですが、次男は私が具合悪くなってからというもの全く実家に帰ってこなくなりました。長男からも「あんな薄情な弟には遺産はあげたくない」と言われており、私もそのように考えています。遺言で全て長男に相続させるようにしたいのですが、次男には遺留分という最低限相続する権利があると知りました。次男の遺留分をできる限り少なくするにはどのような対策をとればよいでしょうか。

◆　ポイント　◆

・養子縁組により相続人を増やして次男の相続分を減らす
・相続人以外への生前贈与を活用して遺産を減らす
・遺産にならない生命保険を活用する
などの方法があります。

**解　説**

### 1　遺留分

遺留分が認められるのは、法定相続人のうち配偶者と子などの直系卑属、親や祖父母などの直系尊属です（民1042①）。兄弟姉妹や甥姪には遺留分はありません。

遺留分は、原則として遺産の２分の１が対象となり、相続人が数人ある場合には各相続人の相続分を乗じて計算をします（民1042②）。ただし、法定相続人が直系尊属のみの場合は遺産の３分の１が遺留分の対象になります。

相談者に１億円の遺産があり、相談者の法定相続人が長男と次男のみという場合には、次男には法定相続分２分の１の２分の１すなわち４分の１に当たる2,500万円が遺留分として認められることになります。

## ２　相続人を増やす

遺留分は相続分の２分の１ですので、相続人が増えて次男の相続分が減れば、遺留分を減らすことができます。相続人を増やすには養子縁組（民792）をするという方法を用います。

例えば、長男には妻と２名の子がいるとします。父親と長男の妻、２名の子との間で養子縁組をすれば、父親の子は長男、次男、長男の妻、２人の孫の計５人となります。そうなれば次男の相続分は５分の１になりますので、遺留分は10分の１となります。

ただ、養子縁組をする場合、養子は養親の氏を名乗ることになります（民810）。そのため、養親と氏が異なる場合、氏を変更することに心理的抵抗があるとして養子縁組を拒否されてしまうことはあります。

## ３　相続人以外に生前贈与してしまう

養子縁組をせずに、長男の妻や孫に生前贈与をし、遺産を減らしてしまうという方法もあります。遺留分の基礎となる財産は、実際にある遺産に相続人以外への生前贈与（１年以内）＋相続人への特別受益に当たる生前贈与（10年以内）を加えたものになります（民1044）。

遺留分権利者に損害を与えることを知りながら行われた生前贈与についても遺留分の基礎となります。ただ、遺留分権利者に損害を与えることを知りながら行われたかどうかの立証責任は遺留分権利者にありますので、早期に贈与していればそれだけ当時の事情が分かりにくくはなります。

## 4　生命保険に加入する

生命保険金は、受取人固有の財産となるので、民法上の遺産分割の対象となる遺産には含まれません。

生命保険金は、相続税を計算する際には一定額の控除はあるものの遺産に含めて計算します。そのため、遺産分割の場合も生命保険金は遺産に含まれると誤解されている方もいますが、相続税法と遺産分割を規定している民法は異なる法律であり、遺産の範囲は異なるのです。

これを利用して、生命保険に加入して受取人を長男にしておけば、長男が受け取る生命保険金は次男からの遺留分侵害請求の対象にはなりません。

このように、生命保険金は、原則として、受取人固有の財産となり遺産分割の対象になりません。しかし例外的に「保険金受取人である相続人とその他の共同相続人との間に生ずる不公平が民法903条の趣旨に照らし到底是認することができないほどに著しいものであると評価すべき特段の事情が存する場合」には、民法903条の類推適用により、当該死亡保険金請求権は特別受益に準じて持戻しの対象となります（最決平16・10・29民集58・7・1979）。

同判例では、特段の事情の有無について、「保険金の額、この額の遺産の総額に対する比率のほか、同居の有無、被相続人の介護等に対する貢献の度合いなどの保険金受取人である相続人及び他の共同相続人と被相続人との関係、各相続人の生活実態等の諸般の事情を総合考慮して判断すべき」としています。

この点について、名古屋高裁平成18年３月27日決定（家月58・10・66）は、相続財産の総額と生命保険金の総額の比率が61.1％であった事案で特別受益に準じた持戻しを認めています。特別受益に準じた持戻しをするか否かは単に比率だけで決まるわけではないですが、60％を超えている事案では持戻しを認めたという裁判例は一つの参考になるでしょう。

## 〔64〕　遺留分の事前放棄

**Case**

私は長男と同居しています。２年ほど前から体調を崩し、同居している長男が献身的に介護してくれています。次男もいるのですが、次男は私が具合悪くなってからというもの全く実家に帰ってこなくなりました。次男に、たまには家に帰ってきてほしいと言いましたが、次男は、遺産も何もいらないから親の面倒は見たくないと言われました。

そこまで言うのであれば、遺言を書いて長男に全ての遺産をあげようと思いますが、将来次男が本当に遺産をいらないと言ってくれるかは分かりません。

今のうちから次男には相続をしないことを確定させておくことはできるのでしょうか。

### ◆　ポイント　◆

・事前に遺産について合意をしても効力はありません。
・遺留分は裁判所の許可を得て事前に放棄ができます。

### 解　説

#### 1　生前の相続放棄は認められない

次男に生前から相続放棄をしておいてもらおうとしても、相続放棄は生前にはできないとされています（東京高決昭54・１・24判タ380・158）。

また、生前に長男と次男との間で将来は相続放棄をするという合意をしていたとしてもその合意に効力はなく、相続発生後に相続権を主張することはできます（横浜地川崎支判昭44・12・５家月22・７・53）。

そのため、次男から将来相続権は主張しないと言われていても、そのような内容の合意はできません。

## ２　遺留分の事前放棄

しかしながら、遺留分は事前に放棄することが認められています（民1049①）。

ただ、遺留分の放棄には家庭裁判所の許可が必要であり、単に書面で遺留分は行使しませんと念書を書いてもらっていても効力は生じません。

遺留分放棄の許可申立ては、被相続人の住所地を管轄する家庭裁判所に申し立てます（家事216①二）。

家庭裁判所は、遺留分放棄の許可申立てがあると、その放棄が推定相続人の自由意思に基づくものか、放棄理由に合理性必要性が認められるかなどについて審理して、相当である場合は遺留分放棄を許可します。

放棄の代償として生前贈与などをしていれば認められやすいですが、必ずしも放棄の代償が必要なわけではありません。

## ３　遺言の作成

遺留分を放棄してもらっても遺言や生前贈与をしていなければ、法定相続分に従って相続することになってしまいます。

次男に遺留分を放棄してもらったことに安心して終わりにするのではなく、長男に相続させる内容の遺言を作成するのを忘れないようにしてください。

## 〔65〕 介護放棄した相続人の廃除

**Case**　私は長男と同居しています。２年ほど前から体調を崩して要介護状態となってしまいました。もともと、私が所有する自宅で長男家族と同居していました。私の家なのに私は一部屋しか使っておらず、他の部屋は長男家族四人に使ってもらっていました。このように長男家族を優遇していたのは、いざというときに長男家族が助けてくれると思っていたからです。しかし、意に反して私が要介護状態になったら、長男家族は介護をせずに引っ越して行ってしまいました。そのような長男家族には裏切られた気持ちでいっぱいです。

要介護状態になった親の介護を放棄して出て行ってしまった長男には一切相続をさせたくなく、相続人から廃除したいのですが可能でしょうか。

◆　ポイント　◆

・廃除が認められるのはとても厳しいので、相続人であることを前提に遺留分対策をした方がよいです。

**解　説**

### 1　相続人の廃除とは

相続人の廃除とは、相続人から虐待を受けたり、重大な侮辱を受けたりしたとき又はその他の著しい非行が相続人にあったときに、被相続人が家庭裁判所に請求して虐待などした相続人の地位を奪うことをいいます（民892）。

廃除をするには、被相続人が生前に自分で家庭裁判所に相続人廃除の申立てをする方法（民892）と遺言書で相続人廃除をし、遺言執行者において廃除の申立てをしてもらう方法（民893）とがあります。

ただ、一般的に相続人の廃除はとてもハードルが高い手段であるといわれています。司法統計を見てみても、「推定相続人の廃除及びその取消し」の受理総数が353件のところ、「認容」（許可）は52件となっており、最大でも52件（約15％）しか認められていないことが分かります（令和５年司法統計年報（家事編）「第３表　家事審判事件の受理、既済、未済手続別事件別件数―全家庭裁判所」）。

## ２　介護がらみで廃除が認められた事例

介護がらみで廃除が認められた事例としては、妻が病気療養中の夫と子をおいて駆け落ちし、そのため悲嘆にくれた夫が自殺した事案（新潟家高田支審昭43・６・29家月20・11・173）、末期がんを宣告された妻が手術し、自宅療養中であったにもかかわらず、ビニールシートを使った生活をして療養に極めて不適切な環境を作出したり、妻が死んでも構わないなどの発言をするなどした事案（釧路家北見支審平17・１・26家月58・１・105）などがあります。

## ３　遺留分対策をした方がよい

以上のとおり相続人の廃除は、極めて特殊なケースでないとなかなか認められない手続であるため、相続をさせたくないということであれば遺留分をできる限り少なくする対策をした方がよいでしょう。

# 索　　引

# 事　項　索　引

## 【い】

ページ
遺言　43,93
　寄与分を与えない旨の——　44
　寄与分を与える旨の——　46
遺言検索システム　157
遺言能力　96,162
　——の判断要素　162
遺産分割協議の合意解除　176
遺産分割前の仮処分　106
委任契約に基づく費用償還請求　49
遺留分　39,215,224
　——の事前放棄　228
遺留分侵害額請求　39,216

## 【か】

介護
　——の約束　167
　——を行う義務　179
介護契約　168
囲い込み
　高齢者の——　199
過剰なリフォーム工事　206
家族信託　112

## 【き】

寄与
　金銭の支出による——　66
　特別の——　4,8,17,24,192
兄弟への報告義務
　他の——　100
共同相続人の行為　4
寄与者の相続人による特別寄与料の請求　66
寄与分　3
　——を与えない旨の遺言　44
　——を与える旨の遺言　46
　金銭支出による——　16
　療養看護による——　7
金銭
　——支出による寄与分　16
　——の支出　27,29
　——の支出による寄与　66

## 【け】

限定承認　88

## 【こ】

行為能力　96,131,162,219

公序良俗 132
——違反 165
公正証書遺言 155,157
高齢者の囲い込み 199

【さ】

債務負担 175
債務不履行 175
詐欺 175
錯誤 175

【し】

死因贈与 132
死因贈与契約 93
資金使途 117,125
使途不明金 117,122,126
自筆証書遺言 155,159
自筆証書遺言書保管制度 159
事務管理に基づく費用償還請求 49
主張期間制限 53
親族以外の第三者による特別寄与料の請求 66
信託 113

【す】

数次相続 67
——と特別寄与料の請求 67

【せ】

生前贈与 93,225
成年後見制度 81,197
成年後見代用信託 113
成年後見人 109,119
——の解任 147
成年後見人選任 147
生命保険 226

【そ】

葬儀費用 129
相続財産清算人 79
相続時精算課税制度 220
相続人
——の廃除 229
——の不存在 79
寄与者の——による特別寄与料の請求 66
相続放棄を行った——に対する特別寄与料の請求 61
相続分
——の譲渡と特別寄与料 63
——の放棄と特別寄与料 62
相続放棄 60,88,134,140
——を行った側からの特別寄与料の請求 61
——を行った相続人に対する特別寄与料の請求 61
贈与契約 131

【た】


第三者
　親族以外の――による特別寄与料の請求 66
代襲相続 32
代襲相続人 33,35
他の兄弟への報告義務 100
単純承認事由 138


【ち】


調査・資料収集活動 193


【つ】


使い込み 210


【と】


特別縁故者 70,74,77
特別寄与料 22,56
　寄与者の相続人による――の請求 66
　親族以外の第三者による――の請求 66
　数次相続と――の請求 67
　相続放棄を行った側からの――の請求 61
　相続放棄を行った相続人に対する――の請求 61
　非同居親族による――の請求 65
　相続分の譲渡と―― 63
　相続分の放棄と―― 62
特別受益 13
特別代理人 90
特別代理人選任の申立て 80
特別の寄与 4,8,17,24,192


【に】


任意後見制度 82,151


【ひ】


引取扶養の請求 183
非同居親族 143
　――による特別寄与料の請求 65
費用償還請求
　委任契約に基づく―― 49
　事務管理に基づく―― 49


【ふ】


負担付遺贈 169,170,188
　――の取消請求 171
負担付死因贈与契約の撤回 185
負担付贈与 169,221

不当利得返還請求 49
扶養義務者間の求償請求 49
扶養請求の手続 182
扶養制度 182

【ほ】

忘恩行為 222
法定後見制度 81,151
法定相続人 69

【み】

民法906条の２の例外 129

【め】

面会の制限 102

【ゆ】

遺言
→【い】の項参照

【よ】

預貯金債権 105
預（貯）金の凍結 104,127

【り】

利益相反行為 91
利害関係人 158
履行補助者 21
リフォーム工事
過剰な―― 206
療養看護 27,30
――による寄与分 7

【わ】

悪口の吹き込み 203

# 遺産分割における「介護」の取扱い
## ―寄与分・特別寄与料・使途不明金・介護負担の不履行等―

令和７年２月７日　初版発行

共　著　武　内　優　宏
　　　　合　田　悠　紀

発行者　河　合　誠　一　郎

発行所　新日本法規出版株式会社

本社総轄本部　(460-8455)　名古屋市中区栄１－23－20

東京本社　(162-8407)　東京都新宿区市谷砂土原町２－６

支社･営業所　札幌・仙台・関東・東京・名古屋・大阪・高松・広島・福岡

ホームページ　https://www.sn-hoki.co.jp/

【お問い合わせ窓口】
新日本法規出版コンタクトセンター
0120-089-339（通話料無料）
●受付時間／９：00～16：30（土日・祝日を除く）




ISBN978-4-7882-9465-3

5100351　遺産分割介護